THE CRAZY

有些事件科學能夠解答，有些事件只能視其為自然之奧祕，
期待隨著文明的發展、科學的　　　　進步能逐步解開這些祕密！

BIZARRE WORLD

世界真奇妙

千奇百怪的文明與人文奇觀

恐龍滅絕了，長毛象消失了，牠們留下了化石；
印加人搬家了，他們留下一座空城——馬丘比丘……
歷史總留下許多遺憾，光陰總毀滅太多的珍奇。

國家圖館出版品預行編目資料

世界真奇妙：千奇百怪的文明與人文奇觀 /
賴士均編著. -- 初版.-- 新北市：智學堂文化，
民103.04 面； 公分. -- (神祕檔案；10)
ISBN 978-986-5819-28-6(平裝)
1.奇聞異象
297　　　　　　　103002348

神祕檔案：10

世界真奇妙 ：千奇百怪的文明與人文奇觀

編　　著 ━ 賴士均
出 版 者 ━ 智學堂文化事業有限公司
執行編輯 ━ 林美玲
美術編輯 ━ 蕭佩玲
地　　址 ━ 22103　新北市汐止區大同路三段一百九十四號九樓之一
　　　　　　TEL　（02）8647-3663
　　　　　　FAX　（02）8647-3660

總 經 銷 ━ 永續圖書有限公司
劃撥帳號 ━ 18669219
出 版 日 ━ 2014年04月

法律顧問 ━ 方圓法律事務所　涂成樞律師
CVS 代理 ━ 美璟文化有限公司
　　　　　　TEL　（02）27239968
　　　　　　FAX　（02）27239668

PART1
奇妙的**村落城鎮**與**水上文明**

4

PART2
被掩蓋的**人文奇觀**

PART3
古蹟名勝中的**特異現象**

PART 1
奇妙的村落城鎮
與水上文明

斜而不倒的應縣木塔

中國山西應縣木塔建於遼代清寧二年(西元1056年)，它建在4公尺高的兩層石砌台基上。木塔重約5300餘噸，木構件約10萬塊、3000餘立方公尺，高67.31公尺，底層直徑為30.27公尺，平面為八角形，五層六簷。外觀五層，但是塔內夾有暗層四級，實為九層。各明層外柱均立在下層外柱的梁架上，並向塔心收進半柱徑，使塔的外觀輪廓構成一條優美的逐層收分的曲線。塔內各層，使用了中國傳統的斜撐、樑枋和短柱等建築方法，使整座塔連成比例適當的整體，巍巍聳立，蔚為壯觀。

自其建成以來，應縣木塔曾經歷過大地震和炮擊，但都沒有被撼動。史書中有這樣的記載：「元順帝時大震七日，木塔屹然不動」。民國時期的一場戰鬥中，一枚炮彈擊中了木塔，雖然損壞了幾根樑柱，但依然沒有倒塌之憂。

應縣木塔在歷經近千年的風雨侵蝕和多次地震，炮擊的重創後，至今仍巍峨聳立，沒有倒塌，經過研究發現，應該歸功於應縣木塔本身精巧的結構體系、古代工匠對建築材料的精心選擇和當地易於木材保存的獨特氣候。

木塔採用了分層疊合的明暗層結構，用小規格的木料

9

組成宏大的塔身，空間結構體系近似於當今世界上一些高層建築。

另外，古代匠師在經濟利用木料和選料方面所達到的水準，也令現代人為之驚歎。這座結構複雜、構件繁多、用料超過5000立方公尺的木塔，所有構件的用料尺寸只有6種規格，用現代力學的觀點看，每種規格的尺寸，均符合受力特性，是近乎優化選擇的尺寸。

在世界現存古木建築中，形體如此高大、年代如此久遠的古木塔已是孤例。

中國遼西「女神廟」

在中國古代神話中，女媧是一位備受敬仰的女神，在
祂死後，人們仍念念不忘祂給予的恩惠，以各種形式來紀
念她。據古書記載，曾有一座祭祀女媧娘娘的神廟，每年
春天舉行盛會時，青年男女都會從四面八方到此會合，舉
行祭神、祈神等活動，並踏歌起舞，歡娛作樂，廟前山野
不時響起「新廟奕奕」、「萬舞洋洋」的樂曲。

如此盛大的祭祀女神的活動，在中國遠古是否真的存
在？這一直是困擾在人們心中的疑問。讓人們感到意外的
是：這神話般的歷史場面，竟會在遼西大地一條神祕的山
谷裡，被考古工作者挖掘出來。

女神廟遺址距今5000～6000年，位於中國遼寧牛河
梁一帶。它坐落在牛河梁主樑頂向陽山坡的松林叢中，北
部緊靠一座人工砌築的大型山台，向南遙對一座形似豬首
的山峰，顯然是有意選擇的位置。廟的上部早已塌落，但
因數千年沒有人為或自然擾動，埋藏於地下的下部保存完
好，揭開地表就全部露了出來。女神廟由一個多室和一個
單室兩組建築構成。多室在北，為主體建築；單室在南，
為附屬建築。兩組建築約在同一中軸線上。

女神廟的建築技術已有相當高的水準，頂蓋牆體採用

木架草筋；內外敷泥，具有承重合理、穩定性強的特點。牆面壓光後再施彩繪，顯示當時的建築已有內外裝修。從建築結構看，主體建築既有中心主室，又向外分出多室，以中軸線左右對稱，另建置附屬建築，形成一個有中心，多單元對稱而又富於變化的殿堂雛形。

這座廟之所以叫做女神廟，是因為廟內出土的泥塑人物群像皆為女性。已發現的人像殘塊有頭部、肩臂、乳房、手部等，分屬六個人體，一般與真人大小接近，有的是真人的三倍。特別是這裡出土的一尊與真人大小相當的頭像，面部輪廓為方圓形，額部寬平，眉弓不顯，眼窩淺而平，雙目長而失圓，鼻樑低平漸寬，嘴部較長，嘴角圓而上翹，顴骨隆起，下頜圓而尖──這是比較典型的蒙古人種。這尊珍貴的女神頭像與今天的中國人形象極為接近，其臉形同今人沒有多少差別，平凡而樸實。圓而上翹的嘴角露出親切溫和的微笑，惟一使人覺得神祕而不可捉摸的，是鑲嵌在眼眶內的又圓又大的眼珠，居然是深不可測的天藍色寶石！這尊女神頭像雖然精美完整，但它僅相當於真人大小，位置也在主室偏西一隅。

而在主室中心部位出土的大鼻、大耳殘塊，竟為真人耳鼻的兩三倍大，如果按人體正常比例的立像推測，大約有5公尺高，真是讓人感到吃驚。如此巨大的女神像，才應是此廟主室中心的主神。居住在牛河梁的遠古居民對廟中大小有別的女神群像的奉祀，原是對主次有序的女性祖

先的崇拜。

　　除了人像之外，還出土了眾多被神化的大型動物塑像，可辨認的有：蹲狀的豬龍、彩繪豬龍的下頜、大鳥的雙爪殘塊等等。由此不難推想此乃一座主神居中、眾神圍繞的多室佈局的神殿。殿中以各類動物塑像為陪襯，神像前還陳設著精心刻鏤、造型考究的彩繪祭器。

　　更讓人吃驚的是女神廟的附屬建築——用石頭砌成的祭壇和積石塚。祭壇的平面圖類似中國北京的天壇，前圓後方；塚的結構與後世的帝王陵墓相似；而女神廟則位於中心最顯著的地方，積石塚環繞女神廟四周，形成一個統一的整體，一個巨大的祭祀建築群。

　　面對在中國大地上從未出現過的遺跡和文物，人們在震驚之後陷入了對文明源頭的沉思和遐想之中。比起中原地區所發現的原始文化遺跡來，這一處紅山文化遺跡的確更令人激動，更令人遐思。因為中原地區的原始文化遺跡，大多是原始人的居民點，溫馨、實際、祥和，沒有多少浪漫的情調，也反映不出原始人心靈的狂熱，而地處中國東北部的紅山文化遺址，其主要的大型遺跡，都與原始宗教密切相關。中華文明的源頭是單一的還是多元的？文明的源頭在黃河流域，長江流域，還是東北地區？

　　那尊神形兼備的女神頭像又代表什麼呢？有人稱它是牛河梁、紅山人的女祖，也就是中華民族的共祖；也有學者大膽地猜測，把牛河梁的發現與古史傳說聯繫了起來，

認為女神塑像群就是傳說中的女媧氏；還有人認為發達的宗教祭祀應與顓頊(五帝之一。相傳為黃帝之孫)相聯繫；有人認為那些精緻的龍紋題材的文物，應該是蚩尤族的遺跡；更有人認為這些文物應與黃帝一族有關。

牛河梁紅山文化晚期的年代為5000年前，與五帝時代的前期相近。黃帝戰蚩尤於涿鹿之野，地址在今河北省北部桑乾河流域以至遼西一帶。故以女神廟為中心的牛河梁大型禮儀性遺跡群址的發現，增加了五帝時期有關代表人物在北方地區活動的可信度。

面對這些遺跡，人們的思緒無法不飛回到大約6000年前在這裡舉行盛大宗教儀式的狂熱場面。對偉大的至高無上的女神的崇拜，在中原文化中，僅僅於神話裡還殘留著一絲史影，而在紅山文化中，卻能親眼目睹6000年前引得人們如癡如狂的偉大女神的尊容和玉體。

不過，由於女神廟的地下埋藏絕大部分尚未挖掘出來，因此其真相仍撲朔迷離，神祕莫測。

柴達木盆地的魚化石

　　位於青藏高原北部的柴達木盆地是中國海拔最高的盆地。自早新生代以來，印度板塊與亞洲板塊相撞、青藏高原不斷上升以及持續乾旱化，這裡發育著乾旱的風沙地貌。2008年8月，在盆地中的新世湖相沉積物中發現的一種骨骼超常粗大的魚化石──伍氏獻文魚，不僅展示了魚類對極端環境的生理適應能力，也是除盆地中所保存的大量的蒸發岩和曾生存於高鹽度水域裡的無脊椎動物化石之外，柴達木盆地乾旱化過程的又一見證。

　　伍氏獻文魚屬鯉科裂腹魚亞科，其奇特之處在於遍佈全身的超常粗大的骨骼，幾乎沒有多少空間可供肌肉生長，這在現代魚類中是聞所未聞的，在化石記錄上也僅在地中海北部沿岸發現過一例。

　　中美科學家合作完成的研究成果《發現於柴達木盆地的骨骼超常粗大的魚化石及其與乾旱化的聯繫》超越傳統的古生物學研究，把化石魚類和現代魚類的系統學及生理學方面的現象與古環境研究聯繫起來，是多學科綜合研究的一種嘗試，也是地球系統科學研究中，岩石圈過程對地表過程影響的又一實例。

「八臂仙母蟲」化石

2008年11月，中國地質科學院地質所新元古代研究組在中國貴州省江口縣翁會村的一個小山坡上，發現了大約5.8億年的埃迪卡拉紀八輻射螺旋動物化石，這是迄今為止最早的螺旋輻射動物實體化石。

研究小組經研究，發現的螺旋輻射動物實體化石，最終確定其為八輻射螺旋動物，具有輻射對稱的屬性，可能為腔腸動物和螺旋動物的共同祖先，定名為「八臂仙母蟲」(新屬、新種)。

八輻射螺旋動物實體化石在相當於「廟河生物群」的層位被首次發現，不僅重新認定了「廟河生物群」中的八旋痕跡化石為八輻射螺旋動物化石的真實屬性，而且由於輻射對稱動物為典型埃迪卡拉動物群的重要成員之一，進而中國震旦紀陡山沱晚期出現的生物群與澳洲典型埃迪卡拉生物群對比，提供了重要依據。

中國最後的槍手部落

　　岜沙位於中國貴州省東南部從江縣，人口僅有2100多。至今，岜沙人依然堅信自己是蚩尤的後裔，堅定地稱自己是「最正宗的苗族」、「蚩尤大帝的子孫」，按照最久遠的方式生活著，守護著幾千年未斷的傳統。

　　沿著曲折的林間小路就可進入岜沙人的寨子。沿途的大樹下隨處可見岜沙人敬神的石塊、磚塊等，這些是萬萬不可動的。岜沙人敬畏樹，每出生一個孩子，家裡人就會為孩子種下一棵屬於他的樹，當他去世時就用這棵樹來製作他的棺材。

　　走進岜沙，有如置身遠古的部落。寨門口有年輕的槍手們站著，他們面無表情。村寨裡凡是成年男子都佩戴一把屬於自己的火槍，他們目光兇悍深邃，喜怒不行於色，頗有遠古武士的風範。儘管戰爭的硝煙早已褪去，火槍的意義也發生了變化。但是，岜沙苗人仍然隨身帶槍，這個習慣是和他們的生存狀態密不可分的。

　　在1999年之前他們還是以狩獵為生，中國政府在禁獵繳槍時，岜沙人堅決不肯繳出槍械，頗有人在槍在的氣勢。中國政府考慮到岜沙人的特殊情況，破例同意他們保留槍支，但是禁止他們用槍打野生動物。這樣，岜沙就成

了「中國最後的槍手部落」。

　　岜沙男子的裝扮很有特色：光頭上都挽著同一個模式的髮髻，身著自染自製的無領右開衣襟銅扣青布衣，大大的褲管，隨身佩有腰刀、火槍。整個岜沙男子非常重視他們的髮髻。髮髻在岜沙苗語裡叫做「戶棍」，是男性成人的標誌。「戶棍」就是剃掉男性頭部四周的頭髮，僅留下頭頂中部的頭髮，盤髮為髻。相傳，頭頂的髮髻會被終生保留，因為他們認為樹被剪枝後會生長得更好，但如果將頭頂的枝椏全部砍去，樹就會死亡。人頭頂的頭髮就相當於樹頂的樹葉，樹頂的葉子如果全部落光，也就表示樹要死亡了。因此，頭頂的髮髻必須終生保留，不得損傷。

　　這種裝束是由苗族先祖蚩尤傳下來的，岜沙人也因此自認為是「最正宗的苗族」。

　　「戶棍」髮式是在中國所能見到的最古老的男性髮式。而他們的剃頭工具就是鐮刀。剃頭前，先把刀在地上蹭幾下，稱「背刀」，為「求地氣」，再在衣服和手掌上蹭幾下，為「求人氣」。這就是槍手部落沿襲至今的、聞名中外的古老習俗「鐮刀剃頭」。

樂山「心中」的大佛

　　1989年5月25日，一位老先生結束了他的四川樂山之旅，返回家鄉。朋友們跟他要旅途照片觀看並讚歎不已。老先生也在一旁審視，當看到一張返回船上拍的對岸古塔風景照時，他突然感到照片中的山形恰如一健壯男子仰臥，細看頭部，更是眉目傳神。

　　老人興奮不已，示以眾人，無不稱奇。照片一傳十，十傳百，眾人無不驚呼：「此乃樂山巨佛！」

　　從樂山河濱福全門處舉目望去，清晰可見仰睡在青衣江畔的巨佛的魁梧身軀。對映著湍流的河水，巨佛似乎在微微起伏。那形態逼真的佛頭、佛身、佛足，分別由烏尤山、凌雲山和龜城山三山聯襟構成。如果仔細觀察佛頭，就是整座烏龍山，其山石、翠竹、亭閣、寺廟，加上山徑與綠蔭，分別呈現為巨佛的卷卷髮鬢、飽滿的前額、長長的睫毛、平直的鼻樑、微啟的雙唇、剛毅的下頜，看上去栩栩如生。詳視佛身，那是巍巍的凌雲山，有九峰相連，宛如巨佛寬厚的胸膛，渾圓的腰脊，健美的腿胯。遠眺佛足，實際上是蒼茫的龜城山的一部分，其山峰恰似巨佛翹起的腳板，好似頂天立地的擎天柱，顯示著巨佛的無窮神力。

　　總觀全佛和諧自然，勻稱壯碩的身體，凝重肅穆的神態，眉目傳神，慈祥安然，令人驚詫不已。全佛長達4000多公尺，堪稱奇絕。

　　更令人稱奇的是，那座天下聞名的樂山大佛雕，恰好聳立在巨佛的胸脯上。這尊世界最高最大的石刻坐佛，身高71公尺，安坐於巨佛前胸，正應了佛教所謂「心中有佛」、「心即是佛」的禪語，這是否是樂山大佛所暗示的天機呢？

　　那麼樂山巨佛是怎麼形成的呢？據《史記·河渠書》記載，早在2100多年前，蜀守李冰為辟沫水之害而鑿開烏龍山，無意中造就了巨佛的頭。

　　唐代僧人惠淨為烏龍寺立下規定：任何人不得隨意挪動和砍伐烏龍山的一草一木一石一樹，代代僧眾都視此為神聖不可違犯的法規。因而才讓烏龍山林木繁茂，四季常青，使「佛頭」千年完美無損。

　　現在還沒有發現關於巨佛的文字記載。巨佛是純屬山形地貌的巧合嗎？為何佛體全身，人工的刀跡斧痕比比皆是呢？為什麼1200多年前，唐代開元年間的海通法師劈山雕鑿樂山大佛，偏偏選中了凌雲山西壁的棲鸞峰，並雕在巨佛心胸處呢？

　　另外「福全門之謎」也讓人費解，要看到巨佛身影，其最佳位置只有福全門。其它任何一處觀賞的效果都不是最好，看上去或是身首異處；或是佛頭不清；或是佛身不

全。是不是先人故隱玄機，以「福」喻「佛」，其寓意指唯在此處，才可觀賞到巨佛全身？

　　這是樂山巨佛留給世人不斷探索的一個謎。也許，其中的玄妙需要人們慢慢參悟才可以明白。

「見錢眼開」的古井

曾出土「馬踏飛燕」的中國武威雷台漢墓還有一口漢代古井，長期以來吸引著遊客的目光。此井的神奇之處在於，它居然會「見錢眼開」：遊客只要將手中的錢幣扔到井中，錢幣就會被神奇地放大。

這道奇觀會被發現，純屬巧合。多年前的一個黃昏，一名工作人員對一座東漢古墓做例行檢查時，無意中向一口枯井一瞥，發現不知誰向裡邊扔了一塊錢，錢竟被放大了許多。還有一次，雷台公園管理處的工作人員為了提醒遊客在參觀漢墓時別忘了這口古井，就把一盞燈放到古井裡，隨後有人往裡面扔紙幣，他一看，神奇的一幕出現，紙幣變大了。為了驗證這一現象並非偶然，大家反覆試驗，發現扔下去的紙幣無一例外被放大了，就像在放大鏡下一樣。由此肯定了古井真的會「見錢眼開」。

這口古井深12.8公尺，其開口處直徑0.95公尺，井底直徑0.86公尺，而井中部的直徑達1.15公尺，古井整體呈腰鼓狀。古井用典型的漢代古薄磚砌成，磚與磚之間沒有使用任何黏合材料，經歷了1000多年的歷史，井壁的磚大部分已經嚴重風化，只有井底的部分壁磚仍保存良好。

這座古井為什麼會有著放大錢幣的神奇功能呢？古井

的放大作用被發現後，許多專家、學者對其進行了研究，產生了許多種見解。有專家認為井下可能懸浮著某種比重和密度大於空氣的氣體，光線透過這種氣體的介面時產生了折射，進而形成放大作用。

　　也有專家認為，這是因為大家所選的參照物不同造成的錯覺。比如，人們總感覺早晨的太陽比中午的大，那是因為早晨的太陽剛升起時，人們用地平線上的房屋、樹木做參照物，而中午的太陽沒有參照物，造成了「小」的錯覺。同樣，把四壁做參照物，井底的錢幣自然顯得大了。但有人做了試驗，用同樣的參照物，在別的井裡卻沒有放大的現象。

　　另外有人認為，一般的水井井壁大多直上直下，而這口古井呈腰鼓狀，距井底1公尺處的壁磚呈人字形堆砌，這種獨特的造型經過光線的反射能產生意外的放大效果。但物理學家認為這和井中間的結構沒有任何關係，否定了這種說法。

　　物理學院的教授們討論後認為，井中心的溫度低，邊緣的溫度高就有可能出現放大現象。具體說來，就是在同等介質的氣體中，溫度高濕度小的地方空氣對光線的折射率就低，溫度低濕度大的地方空氣對光線的折射率就高，放大效果就強。只要能測出井底附近的空氣溫濕度存在的差異，就能找到這個隱藏在空氣中的「放大鏡」。但工作人員用一般的指針溫濕計測出井底與井口的溫度相差兩

度，濕度相差10％，卻無法測出井底中心位置和邊緣位置溫濕度的微妙變化。

此外，另一件奇怪的事情，是在古井底部還有一根直徑40公分的木頭。古人為什麼要在井底橫擔一根粗大的圓木？古井下面是否還有其他建築？下面到底隱藏著多少祕密？這不由得使人們期待千年古井的謎底早日揭開。

互換清濁的「鴛鴦井」

中國四川省武勝縣北飛龍鎮木井村，有兩口神奇的水井，其一名上木井，一名下木井。它們相距4公尺，一清一濁，又被當地人稱作「鴛鴦井」。

每年端午節後上木井變濁，水面浮有一層黃色物體，帶有臭味；而下木井井水則於此時變清變甜，供居民飲用；而過了中秋節，兩眼井水又雙雙對變。年年如此，從未錯過日期。這奇事引來了眾多好奇者，想要一探究竟。

兩口井鑿於何年已不得而知。當地流傳著一首老歌謠：「可觀上下兩口井，一條大路直穿心；井中清泉最可飲，能分春秋各二季；不知哪朝開的井，何人稱為木井村；此井水豐不斷流，潤澤大地五穀生。」歌中「能分春秋各兩季」說的就是兩井清濁定期互換的奇事。然而兩眼井為什麼會清濁互換？為什麼會如此有規律？水上為什麼會出現黃色漂浮物？

當地地質工作者初步分析後認為，兩井地質結構存在裂隙，天熱時，地下水進入上木井裂隙，地下硫化物隨地下水浸入上木井，就有可能形成黃色漂浮物並導致上木井變渾。而天變冷時，地下水改變方向進入下木井裂隙，於是就出現了清濁互換。

　　但居民取上木井的水時，下木井的水位會同時下降，反之亦然，這說明兩眼井水相通。地下水為什麼又是「清濁分明」的？古人打出如此巧妙的鴛鴦井，是巧合？還是他們已掌握了地下水流方向變化的規律？看來，這些難解之謎尚待進一步研究破解。

巨型天坑的神祕景象

　　1998年，中國廣西壯族自治區百色地區樂業縣進行土地資源調查時，發現一種世界罕見的地質奇觀——喀斯特漏斗群，又稱樂業天坑群，為典型的喀斯特地貌（即岩溶地貌）。

　　樂業天坑群占地約20平方公里。初步已發現有大石圍、白洞、風岩洞、穿洞等20多個天坑。所謂「天坑」，即具有巨大的容積，陡峭而圈閉的岩壁，深陷的井狀或者桶狀輪廓等非凡的空間與形態特徵，發育在厚度特別大、地下水位特別深的可溶性岩層中，從地下通往地面，平均寬度與深度均大於100公尺，底部與地下河相連接（或者有證據證明地下河道以遷移）的特大型喀斯特地形。現今已經被確認的天坑達78個，其中2/3分佈在中國。

　　樂業天坑群四周皆被刀削似的懸崖絕壁所圍，形成一個巨大的豎井，底部是人類從未涉足過的幾十萬平方公尺的原始森林，並有地下河相通。森林中有大量珍貴的動植物品種，被形容為遠古植物的天堂和動物的王國。

　　在1999年一次考察中，有人拍到了藍色的石頭、方形的竹子以及許多叫不出名字的植物。科學家們在樂業天

坑群周邊地區，發現了大量二疊時期海洋動物的化石和一個大型的舊石器時期人類生存遺跡。這一發現已經被列入世界十大考古發現之列。專家們指出，這一遺址與北京周口店人類遺址的價值不相上下。專家們將進一步對這些遺跡的價值作出評判，並試著去揭開當時人類的生存狀態。

此外，植物學家在大石圍底部發現了上千種原始森林內的植物，它們大部分迥異於天坑外的植物，其中已查明的有被稱為「恐龍時代活化石」的中國一級保護植物──桫欏。還發現了一種從未見過的、羽脈排列十分奇異的蕨類，據推測，這可能是一種可以媲美桫欏的珍貴植物。此外，原始森林裡還有冷杉、血淚藤樹等珍貴植物，還有許多中藥材和高大的喬木，其中最大的一棵酸棗樹樹幹需3人才能合抱。

大石圍的底部有兩條相連的地下暗河。專家在地下河裡發現了盲魚和一些蝦、蟹等，從拍攝到的照片看，暗河中的盲魚形似鯰魚。動物研究員認為，暗河裡無光，魚的眼睛因此逐漸退化而成為盲魚。

河岸有金黃的沙灘，還有形態各異、花紋美麗的鵝卵石。暗河的水溫十分奇特，將手探入水中，兩條河的河水一冷一熱，其產生原因專家目前還無法確認。走完了暗河全程的中、英聯合探險隊發現，暗河一直向東北流到位於樂業境內的百朗大峽谷的洞口成為地面河，然後匯入紅水河。

坑內還發現了被當地人稱為「飛虎」的動物和一些鳥類，「飛虎」形似蝙蝠，大小與貓差不多，前後肢有薄膜相連，展開後可以滑翔。專家認為，「飛虎」即為生活在岩洞裡的鼯鼠。

這些天坑是如何形成的？人們不禁會有這樣的疑問。一般認為，這可能是因為地下暗河長期腐蝕造成巨大地下空洞後引起地表大面積坍塌所致。該地區降水量大，也為地下洞穴的發育提供了良好條件。然而一般的天坑都是單獨的一座，而樂業天坑卻成群出現，地質學家推斷，這與樂業縣特殊的地質構造有關。

對於樂業天坑群的形成時間，專家推測，它們大約形成於300～400萬年前的新生代第四紀。從調查的情況看，樂業天坑群在形成過程中遭遇了劇烈的地殼抬升運動。

除此之外，大石圍附近的白洞天坑與冒氣洞相連，一邊洞口冒氣，一邊洞口吸氣，這種奇異的呼吸景觀專家一時還無法解釋；除已發現的天坑外，樂業縣境內是否還存在不為人知的天坑？在這片神奇的崇山峻嶺下面，是否還有正在繼續坍塌的溶洞在某一天突破崩陷，成為新的天坑？隨著一些謎團逐漸被解開，許多新的謎團正接二連三地衍生出來。

建在巨石上的村莊

從遠處看去，一塊獨立的類似蘑菇形狀的大石頭拔地而起，順著巨石原有的坡度，密密麻麻地建造著上百戶民居，這就是中國的滇西寶山石頭城。村裡的居民至今還以石為居，吃飯用石碗，睡覺用石床。

寶山石頭城早在中唐時期就有人陸續定居。《元史·地理志》載：「其先自樓頭（今雲南寧蒗縣永寧鄉），徙此二十餘世」，說明其歷史比麗江大研古鎮還要早很多。元初寶山州成立後，石頭城成為州府所在地，一直到元朝末期，石頭城才初具雛形。現在整個村子約有一百餘戶人家，全部為納西族。

在古代，寶山石頭城曾經是整個滇西北地方的要塞，歷來都是兵家必爭之地。史書記載，1253年秋天，忽必烈南征大理，到達石頭城後看到這裡不易攻破，就在城下面安營紮寨，並找人和當地納西族首領談判。駐守在石頭城的納西首領親自打開城門，迎接大軍入城。最後忽必烈大軍順利通過天險之城，於11月到達麗江古城，直至消滅大理國，這在中國歷史上留下了「元跨革囊」的千古篇章。而當時，忽必烈大軍中一些傷殘士兵留在了石頭城，並在當地結婚生子。現在當地大多數納西人都姓木，據說

他們都是當時蒙古騎兵的後裔。

寶山石頭城四面環山，開闊平坦的空地很有限。於是，勤勞的納西族人因地治宜，經過千百年的開墾，把石頭城四周的坡地都開闢成了層層梯田。這是納西人由「依山負險，酋寨星列，不相統攝」的遊牧生活轉向農耕階段的真實寫照。

梯田層層疊疊，而所有梯田，都有自然流水澆灌。山有多高，水就有多高。在四面頹突的山頂上，能看到汩汩清泉流出，自上而下流淌。而寶山石頭城梯田的灌溉方式也不同於其他地方，比如桂林的龍勝梯田、元陽梯田等，一般都是上田水滿後直接流到下田。但寶山石頭城的梯田所採用的是自流灌溉方法，就是在每塊田的下面修了一個暗渠，當要灌田時，堵住暗渠水口，水便會流灌整塊田地，滿水後打開暗渠水口，再堵上灌田水口，水由暗渠流下，便可澆灌下層田塊。這樣一來，可以隨時掌控水流大小，這充分展現了納西族人的聰明智慧。

石頭城整塊巨石地勢險峻，三面都是懸崖峭壁，坡度較緩的一面則一直延伸到谷底江水翻騰的金沙江。整個小城被一圈1公尺高的石牆包圍著，南面一條羊腸小徑一直延伸到小城內，大有「一夫當關，萬夫莫開」之勢。

順著小道往前，穿過一道天然形成的石門就可以進入城內。走在石頭城內，可以看到下面納西人家的天井和房頂，房頂瓦簷相互毗鄰，緊密但不錯亂。百餘戶民居紅窗

白牆，雕花木樓，房屋依地勢隨岩而造，高低錯落，彷彿空中樓閣。白牆黑瓦一層蓋過一層，很壯觀。而城內街道更是橫縱交錯，三條主要街道分別連著眾多小巷，高處看下去，像人體的經脈一樣擴散開來。小巷與小巷之間坐落的民居，完全服從於整體格局。古城房屋雖多，但整體看起來井然有序，高低和諧。居高臨下放眼看去，高遠而端莊的石頭城，四周層疊的梯田，翻滾的金沙江，巍峨的山脈，猶如置身於一幅傳統的山水畫中。

岩壁是石頭城最好的保護屏障。這裡曾經有土匪出沒，土匪在石頭城四周的村莊大肆掠奪，但始終不敢靠近石頭城，因為進出村子當時只有一條小徑。於是土匪就在城腳下安營紮寨，並隔斷了所有水源和糧食，想等到石頭城居民糧絕出來找吃的的時候再進攻。但土匪在下面等了兩個月，見村裡每天照樣炊煙四起，一片歌舞昇平的景象，於是放棄了進攻的念頭，石頭城的居民就這樣輕鬆打敗了土匪。

寶山石頭城，記錄了納西族發展的歷史，記下了蒙古軍西征的歷史，記下了人與自然的抗衡……這為後人研究納西民族提供了珍貴的歷史資料。

「迷魂陣」村

在中國山東陽谷縣城城北6公里處，有一個有兩千年歷史的古村落，堪稱中國軍事的「活化石」，這便是迷魂陣村。

關於「迷魂陣」村的傳說，要從戰國時孫臏和龐涓的故事說起。孫臏和龐涓早年都師從鬼谷子研習兵法。龐涓出任魏將後，妒忌孫臏的才能，將他騙至魏國施以臏刑（割去膝蓋骨）。後來，孫臏逃到齊國並擔任了軍師。齊魏相爭時，孫臏在陽谷無魂山的地面上擺出了迷魂陣，將龐涓大軍圍困於此。後來孫臏在西南角開了個口，放龐涓逃了出去。不料，到了馬陵道口，孫臏又擺了個迷魂陣，龐涓再次被圍，最終兵敗自殺。後來，村民在孫臏擺迷魂陣的地方，按他布兵的格局建房，形成了迷魂陣村。

迷魂陣村全村路徑斜曲，東西並列的兩大塊分為前後兩街，中間折一個大彎，呈新月形。房屋隨街道走向而建，斜度不一，定向各異，一條街的兩旁都稱堂屋，卻正好相差90度，猶如迷宮。外來人進村，正是「進了迷魂陣，狀元也難認。東西南北中，到處是胡同。好像把磨推，老路轉到黑。」

除此之外，還有一個「迷魂陣」村叫「斜尖」，位於

山東濟寧，面積1.8平方公里，人口不足700人。相傳此地是穆桂英大破洪州（濟寧古稱洪州）時擺陣的地方，以至如今這裡的村民一提起穆桂英仍然津津樂道。至於村中的建築，乍看與周圍的村莊並無兩樣，但街道的走向以及房子的朝向卻不盡相同，外地人在這裡非常容易迷失方向，因此村民送走來訪的親朋好友時，總要將其送至村外，而這更為斜尖村增添了幾分神祕色彩。

無人生病的義大利村莊

義大利有個名叫斯托卡爾多的小山村，那裡的村民幾乎百病不生，健健康康。他們的生活習慣跟外界一樣，抽菸喝酒，退休的男人們整天在當地酒吧打牌，孩子們在街上踢足球，女人們則洗衣做飯，抽菸，閒聊家常。斯托卡爾多村民就這樣一代代生活著。

村民們幾乎不知道疾病為何物，他們的飲食習慣跟現代的人們幾乎無差別，對紅色肉類毫不忌諱，葡萄酒和格拉巴酒更是桌上美食，許多人還抽菸。

不過令人吃驚的是，現代人畏懼的許多病魔似乎見到他們繞道行走。因為當地的飲食習慣，他們的膽固醇含量一般都偏高，即便如此，村民們卻沒一個患過心臟病。高血壓在那裡幾乎是聞所未聞，只有極少人偶爾遭受糖尿病的困擾，癌症更是罕見，村民幾乎也沒聽說過有什麼遺傳疾病。一組科學家意欲深入瞭解罕見疾病的遺傳因素，無意間發現了這裡。研究過斯托卡爾多村民的一位科學家說，整個村莊歷史上都源於一個家譜，97%的村民都擁有相同的姓氏——巴烏，同族結婚仍舊相當普遍。對科學家而言，斯托卡爾多的價值不啻於一個「遺傳寶島」，使得它成為研究DNA的理想「試驗台」。

180度「倒立」的樓房

　　在土耳其北部省份昌克勒一建築工地上，當工人們拆除一座造於1928年的麵粉廠廠房時，突然發生了意外，被爆破的樓房不但沒有解體垮塌反而整體翻滾180度後「倒立」在一旁，還差點撞上了附近居民的房子。好險事故有驚無險，沒有造成人員傷亡。

　　一位目擊者描述說，當時的情景真是太危險了，爆破發生以後，整幢大樓像火柴盒一樣翻滾著衝向了附近居民的房子，幸虧被圍牆攔住了。

義大利的醜人俱樂部

人們都喜歡相貌出眾的人。無論是男人還是女人，都會因為自己的美貌而得到更多青睞。可是，那些相貌平平或者自以為醜陋的人，是不是就應該為先天條件的不足而自怨自艾呢？答案當然是否定的。

在義大利就有一個專門為「醜人」維護權益的俱樂部。這個俱樂部坐落在義大利瑪律凱地區東部的小鎮匹奧比克。因此，匹奧比克也被當地的居民稱為「世界醜人之都」。

在通往小鎮的道路上，有一塊牌子，提醒到訪的遊客：你們正在進入醜人地帶。小鎮上甚至有這樣一個習慣，當電視中播放美女雲集的畫面時就要換台。

「我很醜，我的鼻子又小又短，還往上翹，但如果你問我的話，我會告訴你：越醜越好。」醜人俱樂部的主席特萊斯弗羅・伊艾柯貝裡曾在一次採訪中這樣說道。在這個自古以來就崇尚大鼻子的亞平寧國度裡，特萊斯弗羅並不認為他的小鼻子是個災難。

成立匹奧比克鎮醜人俱樂部的靈感最早來自於當地一幅13世紀的壁畫，畫中主角是神話中的醜人保護神——瓦爾坎，相傳，他因為長得過於醜陋而被母親拋下懸崖。

但瓦爾坎最終卻以頑強的毅力修成正果，最後與美豔絕倫的愛神維納斯結合。於是匹奧比克鎮的醜人們成立了這個俱樂部，目的在於鼓勵那些長得不好看的人不要因此喪失自信，要勇敢地去生活，去追求自己的幸福。

俱樂部的每個成員都佩戴著一枚徽章作為身份標識，上面刻著：「醜即是美德，美即是束縛」。

俱樂部還有一間「醜陋聖祠」，屋門上掛著俱樂部的會標，上面寫著：「醜陋男人的妻子永遠快樂。」

他們還按醜陋程度將每個人定了等級，從「不太醜」「一般醜」到「特別醜」。

醜人俱樂部還有選醜比賽，冠軍被授予至高無上的榮譽——「不美獎」。這與義大利每年的選美比賽相映成趣。這個名字在義大利語裡與「諾貝爾」發音相同，給這個大獎增加了不少輕鬆幽默的味道。

義大利一直有著看重外貌的傳統，即使在今天，漂亮的容貌依然是成功的進身之階，而醜陋的人不僅少了很多機會，還要遭受歧視。

「在這個社會裡，有許多事不對勁。如果你身材夠好，就可以取得超出你能力的成就；但如果你身材糟糕，相貌平平的話，你在各方面都會遇到麻煩。我已經看到太多的人遇到這樣的問題了。」特萊斯弗羅說。

在義大利，許多因長相不出眾而無緣被異性青睞的年輕男女，都會來找特萊斯弗羅求助。所以，自俱樂部成立

以來，特萊斯弗羅多次在電視等媒體上發表演講，竭力要
求改變義大利以貌取人的陋習，他不斷為醜人爭取應有的
權利，並給他們信心。

與活人同住一屋的木乃伊

　　埃及木乃伊總被藏在金字塔深處，為了不讓後人接近，金字塔還會加上神祕的咒語。因此，使得埃及人對木乃伊往往是敬而遠之的。南美秘魯的印加人對待木乃伊卻有著截然相反的方式。對他們而言，祖先的木乃伊不但不可怕，反而非常親切，是最能賦予他們信心和安全感的神物象徵。

　　從印加王到家族長老，所有偉大人物的木乃伊都被精心保存，穿上衣服，佈置成雙手在胸前交叉的坐姿。一些木乃伊會被保存在乾燥的岩洞裡，接受人們定期探視和膜拜，而那些更重要的木乃伊則會被保存在自家房屋裡。

　　人們對待木乃伊一如生前，每天定時奉上食物和水，甚至為其驅趕蒼蠅。人們仍然視木乃伊為首長，會很認真地向這些死去的祖先請教各種問題，甚至裁決彼此間的爭議。負責保存木乃伊、並能與之「對話」的尊長，也因此具有崇高的地位。

　　不過，這些木乃伊並非一直安居在屋裡，有時他們會被請上特製的木轎椅，由親友抬著在街上遊行。木轎椅的椅背上雕刻有神像，木乃伊生前地位越高，神像也就越多、越精美。每年6月24日，是秘魯人最盛大的節日——

太陽節。在這一天，所有印加皇族的木乃伊會被送到庫斯科城中心廣場，按輩分長幼坐成一排，接受人們的膜拜。

西班牙統治時期，殖民者在處死印加王並佔領古城庫斯科時驚訝地發現，撤離的當地人丟棄了金銀，卻帶走了城中所有的木乃伊。活著的印加人不屈不撓地繼續抵抗，也一如既往地尊奉著祖先的木乃伊。出於對這種靈魂的恐懼，殖民者們不遺餘力地搜尋並毀滅了每一具他們找到的木乃伊。但在山區和鄉村，仍有相當多的木乃伊被保護下來，繼續和後輩們相依為命。無論是消逝的還是被留存下來的，這些木乃伊所代表的祖先精神仍舊深深銘刻在印加人的後代——克丘亞人的腦海中。

克丘亞人一直尊重並掛念著祖先的木乃伊。在當地，不時傳出關於印加顯要的木乃伊被發現的消息，並會立刻受到人們的關注。許多地方仍然流傳著木乃伊的製作工藝。有時候人們也會把活人打扮成死去祖先的樣子，出席並主持傳統慶典。每一個秘魯小學生都能熟練背誦歷代印加王的名字，這些名字已從世代流傳的木乃伊頌歌，走進了法定的小學課本。有關木乃伊的故事被編成歌曲，代代傳唱。

兩棵神樹的婚禮

2009年4月，印度加爾各答的一些土著居民舉行了一場特殊的婚禮。舉行婚禮的這一對「新人」是被當地人奉為神靈的菩提樹，它們「穿著」帶有朱紅色花紋的盛裝，「戴」著用金盞草做成的花環。主持婚禮的司儀在它們之間點燃聖火，然後念誦禱文。婚禮儀式是在16日開始的，慶典活動直到18日晚上才結束，有將近1000位居民參加了婚宴。

然而，為什麼要為兩棵樹舉行婚禮呢？這次婚禮的組織者說，他們這樣做，只是為了祛邪除魔，保佑一方平安。「最近我們老是感覺有(邪眼)盯住了大家，時常發生入室行竊、謀殺和自殺等不幸的事情。我們懷疑是受到了邪惡咒語的詛咒，所以決定要為兩棵神樹舉行婚禮，以驅散邪氣。」

但兩棵菩提樹「結婚」能否真得能夠驅散邪氣，只有從當地人日後的生活中去慢慢印證了！

食人族部落

　　傳說中美洲有個吃人的部落——圖帕利族。他們之所以吃人並不是因為肚子餓，而是為了「心靈」上的告慰。他們相信在吃人肉的同時，也吃了人的靈魂。所以，他們希望透過這種方式來增加自己的靈魂。

　　圖帕利族人不僅吃被他們殺死的敵人，甚至也吃自己族裡被人仇殺的人。他們並不考慮殺人是好事還是壞事，也不管被仇殺人的私事。只要在村上發現一具被殺死的屍體，他們就會舉行大會，在院子裡點起熊熊大火，人們在火旁跳舞或紋身，有人把屍體綁在一根棒子上，放在火裡烤。烤熟後將其分割成塊，分給村上的每一個人。當然，給酋長和男巫的肉是最好的。人體哪部分的肉是最好的呢？他們喜歡手和腳。圖帕利族人認為一個人的精華在於手和腳。因為，不論狩獵者、播種者、衛士或男巫，都不能沒有手和腳。

　　這種「心靈」宴會是經常舉行的，由此可見，人肉對他們的誘惑力是多麼巨大。早在1925年，圖帕利族有2000人，散居在9個村落。但是在以後的20年中，由於殺人過多，圖帕利族的族人減少到180人，90%以上的死人都被吃掉了。

　　幾年前，圖帕利族的這種風俗發生了變化。阿貝托是一個村的村長，他召集各村村長和男巫們向他們說明，圖帕利族的人數現在少了，如果繼續保持吃人的習慣，那麼這個族就有滅亡的危險。以後，他們也會被人殺死並被吃掉的。聽了這番話之後，族人們都愁容滿面。於是，他建議大家停止吃人肉。經過討論，這個建議居然通過了。從此，圖帕利族人口銳減的趨勢才有所減緩，並慢慢地開始恢復。

叢林中的小人國

　　非洲小人國位於中非、剛果（布）和剛果（金）三國交界處的熱帶叢林。小人國的居民是非洲的俾格米人，現在約有20萬。他們住在熱帶叢林裡，過著與世隔絕的生活，依靠森林為生，自稱是「森林之子」。中非共和國曾經試圖讓小人國的居民搬出叢林，過現代人的生活，但卻遭到了拒絕。

　　小人們身材矮小，多數人身高僅1.2~1.3公尺，最高的也不超過1.4公尺。但他們身材很勻稱，不像某些侏儒那樣。他們完全過著原始社會的生活，不穿衣服，無論男女老少都是裸體，只在下腹部掛上一點樹葉。在赤道附近的熱帶原始森林裡，氣溫普遍在三十攝氏度以上，這使得他們不穿衣服也不會感到寒冷。

　　小人國的居民們主要靠打獵和採集生活，男人外出打獵。他們會製作一種麻醉劑，用弓箭射向要捕捉的動物，這樣就會比較容易將獵物捕獲，甚至是大象和獅子。女人則主要是採集樹根和野果。

　　他們有自己的語言，但卻沒有文字，他們也聽不懂別的部族的語言。他們沒有「數」的概念，也沒有時間的概念。曾經有人試圖透過當地的翻譯問他們的年齡，他們搖

頭表示不知道。聽翻譯説，他們的壽命一般在30歲到40歲之間。這主要因為他們生活條件十分艱苦，醫療衛生缺乏，因此壽命一般很短。

小人們並不想成立自己的國家，他們只是非洲的一個部族。中非每年國慶的時候，都有一個小人的行列參加國慶遊行。他們的總統總是高興地對客人説：「我們的公民來了」。

小人國是透過部族首領來管理的，幾戶十幾戶就可組成一個小的部落，大的部落則有幾十戶到上百戶。部落不分大小，都有自己的首領。首領用自己的權威進行管理，通常，獵取的食物要平均分配，只是首領的那份比別人多些。

小人們吃熟食，他們打了獵物之後，便將獵物整個放在火上烤，然後用手撕著吃。他們挖來薯根之後便放在一個容器裡煮，然後搗碎，用手抓著吃。小人最愛吃的食品是蜂蜜。如果他們發現有一窩蜜蜂，便點起大火將蜜蜂燒死，甚至不顧沒有死的蜜蜂蜇咬，用手到蜂窩裡挖蜂蜜吃。吃不完的，就用樹葉包起來帶回家給老婆孩子吃。

森林深處的小人對外人有敵視情緒，還曾經發生過襲擊遊客的情況，但森林邊上的小人就比較友好，因為遊客都會為他們準備禮物，比如肥皂、火柴、香菸和糖果等等，這些都是最受他們歡迎的禮物。得到禮物以後，他們還會表演舞蹈給遊客看。

　　在外人看來，小人國的居民似乎過著「世外桃源」式的生活，但是這種生活並不是令人羨慕的。因為他們的生活極其艱難，有時打不到獵物，就會餓幾天肚子。另一方面，他們住的環境非常簡陋，只是用樹枝和樹葉搭就的茅草棚，既不避風，也不擋雨。此外，森林裡毒蚊和毒蟲很多，他們經常要忍受蚊蟲的叮咬。

　　小人雖然過著原始社會的生活，但他們的婚姻制度並不落後，他們實行一夫一妻制。一個男子看中了某家的女子，便去向她求婚，她若是同意，男子便留在她家接受考驗。白天他要與女子的父親一起打獵，晚上則可以與女子同居。通過一段時間的考驗，若是女子全家沒有意見，這門親事便成功了。男子家裡送來彩禮，便可把女子接到家裡成親。

　　就像非洲奇特的自然景觀一樣，神祕、純樸的小人們成為了熱帶叢林裡的一道人文景觀。

阿加爾塔地下長廊

　　深邃無垠的廣袤太空，光怪陸離的宇宙奇觀，浪漫神奇的地外文明，這一切足以誘人仰目向天，思緒萬千。與此同時，豐富多彩的地表文明也令人嘆服，為之折服。然而，對於人類賴以生存的這片土地的內部，人們又知道多少呢？

　　據傳說，地下世界有無數洞穴、隧道和迂迴曲折交錯成網的地下長廊，那裡埋藏著古代文明的祕密和無盡的寶藏。英國科學家威爾金斯在《古代南美洲之謎》一書中斷定，由史前文明人開闢建造的地下長廊首尾相接並有許多支岔，可縱貫歐、亞、美、非各個洲域，並進而得出地球內部曾經乃至現在仍存在「地下王國」的結論。威爾金斯的觀點立足於世界各國考察的結果，儘管很多只是一種假說和推斷，但說得有憑有據，富有誘惑力。真的存在地下文明嗎？倘若真能解開這個「謎」，人類必將進入真正的「新世界」。

　　1941年1月，美國總統羅斯福曾交給考古研究者大衛·拉姆夫婦一項極其祕密和重要的使命：尋找「阿加爾塔」。「阿加爾塔」指的就是地下世界。拉姆夫婦領命以後，率領一支美國考察隊前往墨西哥的恰帕斯叢林，尋找

地下長廊的入口。1942年3月，拉姆夫婦向羅斯福彙報了他們的考察經歷。

據拉姆夫婦回憶，當他們橫穿當地密林時，遇到了把守地下長廊入口的皮膚呈藍白色的一群人，他們是馬雅人的後裔，是印第安族的一個分支，叫拉坎頓人。拉姆夫婦稱自己的考察隊發現了地下長廊的入口，但沒能進入拉坎頓人守護的地下隧道。

由於找到地下長廊找到寶藏，就掌握了無盡的財源，可以對二戰戰局的發展施加有利的影響，因此，羅斯福派遣拉姆尋找「阿加爾塔」並非完全為了滿足獵奇和探險心理，也是基於對戰爭大局的考慮。

第二次世界大戰爆發之前，希特勒也曾對美洲地下可能存在的黃金寶藏垂涎三尺，並多次派考察隊潛入美洲。在那裡，德、美兩國考察隊展開了一場爭奪戰。

據說德國著名探險家兼作家馮·丹尼肯也曾進入過拉坎頓人守護的隧道。在隧道中，他驚訝地見到了寬闊筆直的通道和塗著釉面的牆壁，多處精緻的岩石門洞和大門，加工得平整光滑的屋頂與面積達2萬多平方公尺的大廳，還有許多每隔一定距離就出現的平均1.8公尺至3.1公尺長、80公分寬的通風井。隧道內還有無數奇異的史前文物，包括那本許多民族遠古傳說中都提到的「金書」。

隧道內那種超越現代人類智慧的嚴密、宏大與神奇，使得這位以大膽想像著稱的作家也瞠目結舌。他毫不懷疑

地認為，這是這個世界上最宏大的工程，也是世界上至今發現的最大、最難破解的謎。丹尼肯拍下了幾張有關隧道的照片，但他拒絕透露更多的細節。只是說，他認為隧道是用高科技的超高溫鑽頭和電子射線的定向爆破，以及人類現在還不具有的某些技術開鑿成的。

二戰結束後至今，對「阿加爾塔」的考察熱持盛不衰，各種各樣的新發現也越來越令人感到鼓舞。1960年7月，秘魯考察隊在利馬以東600公里的安第斯山脈的地下發現了一條地下長廊。該地下長廊長達1000公里，通往智利和哥倫比亞。但是為了保護隧道，以等待將來人類掌握了足夠的科學技術時再來開發，秘魯政府封閉了這條地下隧道的入口並嚴加把守。此地後來被聯合國教科文組織列為世界文化遺產。

稍後，西班牙人安托尼·芬托斯在安第斯山脈靠近瓜地馬拉的地方考察時，又偶然發現了一個長達50公里的地下長廊。這個長廊有尖狀的拱門，從地下一直通往墨西哥。

1972年8月，英國考察隊在墨西哥的馬德雷叫山脈也找到了地下長廊，其走向是通往瓜地馬拉。這條地下長廊與安托尼·芬托斯在瓜地馬拉發現的地下長廊很可能是同一條。據英國考察隊回憶，每當拂曉，就能聽到從地下長廊發出的擊鼓一樣的音響，聲震四方。

1981年5月，著名探險家毛利斯曾從厄瓜多爾的瓜亞

基爾附近一處地洞入口進入地下長廊。在地下長廊裡,毛
利斯發現了人工開鑿的痕跡,洞壁平整並經過粉刷。

　　總之,無數地下長廊遺跡的發現,似乎越來越清晰地
顯示:遠古時代確曾存有高度科技的地下文明。

德國的巫婆城

　　說起巫婆，人們首先想到的往往是「巫術」、「魔鬼」等色彩灰暗的詞語。然而，在德國哈茨山區有一個叫戈斯拉爾的小城，卻以「巫婆城」自居，招攬了眾多遊客。

　　戈斯拉爾素有「北方羅馬」之稱，全城人口不足5萬，卻有47座教堂和修道院，舉目可見半磚木結構的百年老屋，古樸而玲瓏。小城的「招牌紀念品」──神態各異又滑稽可笑的巫婆玩偶隨處可見。

　　戈斯拉爾還有一座巫婆博物館。這裡除了展出巫婆的各種造型、使用工具外，還有很多巫婆的歷史傳說資料，並且每週有定時的巫婆劇表演。直到中世紀之初，這裡的女人在日爾曼文化區裡一直倍受尊崇，尤其是那些會製藥、行醫、能讀會寫的女人。

　　然而，基督教在德國的發展改變了這一狀況。傳教士們認為對女人太尊重不符合基督教教義，女人應該絕對服從男人。於是社會開始貶低女人，並由此產生了醜化女人的巫婆形象，被視為「巫婆」的女人也受到迫害，甚至被活活燒死。1484年，兩位分別叫亨利希和耶科布的修士，還發起了聲勢浩大的「歐洲巫婆大審判」。他們撰寫

的《巫婆之錘》，羅列了多種識別巫婆的方法。雖有巫婆逃過大劫將巫術流傳下去，但其普及程度已大不如前。

當今，巫婆在世界各地分佈著眾多門派，其宗旨和教義也各不相同。如克萊提卡派，十分強調自然和萬物，據說擁有適用於所有植物、石頭乃至靈魂、精靈的神奇法術；埃克提克派，是孤僻獨立的一群，愛自行學習研究；克萊米納派，經常施行祭祀式的法術，十分重視儀式的細節；所里塔利派，喜歡獨立施法；維克康尼派，則被認為是「最為人所接受的巫派」。

戈斯拉爾還舉行過一屆「世界巫婆大會」。100名來自世界各地的巫婆代表在此集會，希望透過施展巫術防止天災人禍，爭取世界和平。

在歐洲，4月30日之夜，是哈茨山區傳說中巫婆聚集的日子。這天晚上，當地居民和遊客會穿上奇裝異服，戴上巫婆面具，騎著掃帚從四面八方走上戈斯拉爾的大街，然後遊行前往荒蕪的布羅肯山。

布羅肯山是戈斯拉爾的最高山，也是傳說中巫婆的「據點」。冬天山上的風雪很大，由於光線折射的緣故，行人若在山頂遇上大風雪，眼前就會出現自己朦朧的倒影，不知情者對這種怪異的現象會感到非常驚恐。即使是熟悉情況的當地人，也很少在冬天上山。

夜幕降臨時，巫婆舞便開始了。參加舞會的可不止巫婆，還有騙子、樂手、龍、獨角獸和狼人等。當然，這些

角色都是由眾人扮演的,他們共同迎接魔鬼的到來。隨著午夜的焰火,眾巫婆開始踏上歸途,她們咆哮著遁去,把哈茨山讓給了夏天的女神,即五月女神。

從19世紀末開始,戈斯拉爾便在每年4月30日巫婆節期間組織巫婆遊行儀式。現在,這已成為吸引世界各地遊客的一個重要儀式,每年來這裡觀光的遊客可達到20多萬人次。

處處皆謎的哈拉巴古城

印度河是世界上最長的河流之一。但在18世紀之前，人們根本沒有想到這條藏身於沙漠，人跡罕見的河流曾有過堪與古埃及相媲美的璀璨昨日。

19世紀中葉，印度考古局長康寧翰第在哈巴拉挖掘出一個奇特的印章。1922年，一個偶然的機會，使人們發現了位於哈巴拉以南600公里處的馬享佐達摩遺跡，這裡出土的物品與哈拉巴出土的相似，考古學家開始注意這兩個遺址間的廣大地區。不出所料，含哈拉巴在內的旁遮普一帶為中心，東西達1600公里，南北1400公里的地域內，考古學家們發現了屬於同一文明的大量遺址。這些遺址位於印度河流域，所以被稱為「印度河文明」。

哈拉巴位於巴基斯坦旁遮普省拉維河流域的一座城市，其年代可追溯至西元前3000年左右，據考證該城已具有發達的文明水準。該城約有2.5平方公里面積，人口估計3～4萬。西部為統治者居住的衛城，東部為下城居民區。衛城北面有6座穀倉和若干冶煉爐，還有可容數百雇工的住房，衛城南部為墓地。這些古老的城址設計複雜，文物多彩，宛如一幅幅迷人的畫卷，使人們清楚地看到了世界文明發祥地之一的古代印度高度發展的文化。這

些古城的文化以印度河流域的主要城市遺址哈拉巴命名，稱為哈拉巴文化，它是印度著名的遠古文化。

哈拉巴文化的範圍很廣，西起蘇特卡根——杜爾（距伊朗東境僅約40公里），東至阿拉姆吉爾普爾（印度今日的德里附近），北起羅帕爾，南至納巴達河以南的巴格特拉爾。東西長1550公里，南北長1100公里，其範圍是今天巴基斯坦的3倍以上。

在哈拉巴文化的中心，是兩座雄偉、莊嚴的城市——哈拉巴和摩亨佐達羅，它們是上古印度文明的見證。兩座城市大小相等，周長大約有4.8公里，面積約85萬平方公尺，居民估計有7萬人。兩座城市都是由位於高岡上的衛城（統治者的居住區）和較低的下城（居民區）兩部分組成。代表高貴的衛城周圍環繞著雄偉的磚牆，城牆每隔一段距離便有一座方形碉堡，城市建築規劃整齊，主街又寬又長，其中摩亨佐達羅的主街寬達10公尺，可以同時並行幾輛大車。

為方便行人夜間行走，街道上每隔一段距離便備有點燈用的路燈杆。兩座衛城的房屋大多用燒磚建造，富人還建有高樓大廈。更令人稱奇的是，城市富人的家中還有完整而複雜的排水系統，這一切都顯示出哈拉巴文化城市設計的高水準。

古城所保留下來的文化遺物，豐富多采，有刻有文字、圖畫的精美印章和各種金銀珠寶與象牙裝飾，銅與青

銅的武器和生產工具等。這裡還出現了人類最早的玻璃製品，並挖掘出了製鐵技術。這個遺址也首次顯示出當時的人已會在陶器上草草寫上抽象符號，約有500個，這些符號至今仍在解讀中。這些令人驚歎的文物，無不顯示出上古印度人民光輝的創造才能。

閃米特人的地下城

早在西元8世紀和9世紀的時候，在卡巴杜西亞發現過成千座岩洞教堂和地下教堂。到今天為止，人們在這一地區發現的大大小小地下城市不下36座。它們鑿在小岩山內或懸崖上，有的相當輝煌。這些地下城市之間透過地道相聯接，其中聯接卡伊馬克徹和德林庫尤村之間的地道，足足有10公里長。

在南部幽靜的伊拉拉谷地，河流兩岸的崖壁高達150公尺，壁面密佈著神龕、小教堂、修道室，裡面供奉著色彩鮮明的聖像，全部就壁鑿成，與中國的敦煌、大足的佛像洞窟構造相似。

在戈雷梅谷，幾乎每座小尖岩都被挖空了。每一座岩山，就是一座教堂。踏上損缺的石階，可以爬進禮拜大廳。岩石被巧妙地琢成拱門、圓柱、拱頂，每一寸壁面和柱體都裝飾著線紋和圖案；壁畫栩栩如生，再現著《聖經》故事或東方宗教、民間傳說的大雜燴。

在澤爾弗峽谷兩側的懸崖上，修道士們耐心地打出一個個窟窿，修成教堂、修道院、齋堂、廚房、臥室等等；裡面的祭壇、餐桌、座椅、床鋪、傢俱，全是石頭製品。

史書記載，大約在西元前1000年以前，古老的神權

民族——閃米特人曾經在這一帶生活過。這座古老的地下城，很可能就是他們留下的遺跡。

人們在思考這樣一個問題，人類為什麼要把自己隱藏起來？是躲避天災還是躲避外敵呢？一般來說，躲避外敵的可能性大一些，然而外敵會是誰呢？

首先，假設地面上的敵人擁有軍隊，在地面上，他們一定能看到耕種過的土地和空空如也的房屋。而地下城市裡建有廚房，煙火會從通氣井冒出地面，而敵人會很容易發現他們。人們都知道，把待在地下老鼠洞般城市裡的人們餓死，或者封死通氣口悶死他們，都是輕而易舉的事。所以，人們恐懼的恐怕不僅僅是地面上的敵人，他們在地下岩石中開鑿避難所，是因為他們害怕能飛行的敵人。這個猜測是否有道理呢？

在他們的聖書《科布拉·納克斯特》中，閃米特人曾經描述過，所羅門大帝利用一輛飛行器把這一地區搞得雞犬不寧。不僅他本人，還有他的兒子，甚至所有恭順他的人，也都坐過飛行器。阿拉伯歷史學家阿里·瑪斯烏迪曾描述所羅門的飛行並大致介紹了他的部落。當時的人類對於飛行產生的恐懼，是完全可以理解的。也許他們曾被剝削、奴役過，所以每當警報響起的時候，人們就會逃進地下城市。這和今天人們挖築地下防空洞的情形是一樣的。

此外，還有大量有關飛行器的古代傳說。僅以古代印度一個傳說為例，史書記載道：「……於是國王和後宮家

眷，王后嬪妃，宮廷權貴以及來自王國各地的首領乘上飛船。飛船飛入天空而後順風行駛，越過海洋直向亞特蘭提斯城飛去，那裡正舉行節日的慶典。飛船降落後，國王下船參加了慶典。短暫的停留之後，國王的飛船在眾人驚愕不已的注視中重新騰空而去……」

　　由此來判斷，這些地下城市的存在或許真的是閃米特人為了躲避乘坐飛行器入侵的外敵而建。雖然這些燦爛的文明已經隨著歷史的滾滾前進而成為絕響，但總有一天，將會有人揭開這些神祕的面紗。

佩特拉的神祕變遷

　　佩特拉是羅馬帝國全盛時期羅馬東部省城的佼佼者，這裡有著世上最令人驚歎的建築。然而後來卻一度衰落，成為隱沒於死海和阿克巴灣（今天的約旦國境內）之間山峽中的世外桃源。

　　大約在西元前6世紀，阿拉伯遊牧民族奈巴特人從阿拉伯半島北移到了現在的約旦和南敍利亞境內，開始興建佩特拉城。西元前321年，奈巴特人已經把佩特拉作為首都，當時的佩特拉一派繁榮昌盛。在最繁盛的時期，奈巴特王國的疆域從大馬士革一直延伸到紅海地區，但是都城卻始終是在群山圍繞、易守難攻的佩特拉。

　　西元106年，羅馬皇帝特拉見征服了佩特拉，這裡成了羅馬帝國的一個省，被稱做阿拉伯人佩特拉區。363年，一場大地震破壞了這座城市的很多建築，佩特拉因此成為一個棄兒。7世紀，伊斯蘭教在阿拉伯地區興起。1116年，歐洲十字軍在佩特拉建立起一個王國。但好景不長，1189年十字軍便被迫向穆斯林軍隊投降，佩特拉的歷史至此斷了章節，奈巴特人也成為了一個謎一樣的民族。他們似乎在一夜之間從歷史的視線中消失了，甚至沒有留下什麼文字記載，只留下一座石頭城隱身在歷史長河

中。

「佩特拉」在阿拉伯語中的含義是「被開鑿的岩石」。因為這座城的全部建築都是在兩邊山崖的岩石峭壁上，由人工開鑿出來的。

哈滋尼是佩特拉最壯觀的遺跡，古代最宏偉的工程之一，完全由山壁實心的岩塊雕刻而成。它最引人注目的特徵是其色彩，由於整座建築雕鑿在沙石壁裡，陽光照耀下粉色、紅色、桔色以及深紅色層次生動分明，襯著黃、白、紫三色條紋，沙石壁閃閃爍爍，神奇無比。傳說中，這裡是奈巴特王國的「藏寶閣」。整個大殿高達39公尺，寬約22公尺，分為上下兩層，每層中間有6根圓形石柱子，柱上刻有女神、武士等雕像；上下層的石柱加起來是12根，象徵著一年中的12個月，石柱中間有30朵雕花，象徵著每個月的30天。那中間的石柱頂上的甕狀物據傳說是藏寶的盒子，後人對這藏寶之處有著太多的幻想，於是就使得這所謂的「藏寶閣」上多了許多的彈孔。但至今，貪心的後人們也沒有看到這「寶盒」中的一顆寶石。

佩特拉曾經屬於羅馬帝國，現在還能從中看到很多富有古羅馬文化特色的建築，比如階梯劇場、廣場、公共浴室等等。從哈滋尼宮殿沿著一條寬闊的沙石路向西北方向走去，沿途可以看到大片的陵墓群，還有露天的古羅馬劇場。劇場背靠山崖，有34層階梯式石鑿的7000多個座

位。沿著劇場再往前走，就是曾經無比輝煌的古羅馬大道了。它位於山谷盡頭寬闊的空地上，那斑駁的石板路默默地承載了幾千年的滄桑與文明。

羅馬人佔領這裡後，在石板路兩邊立起了兩排石柱，還建造了石頭拱門。從拱門前行不遠，就是一座巨大的石窟宮殿遺址——女兒宮，據說這裡是奈巴特國王為埃及法老的一位愛哭的公主所建。女兒宮的殘牆至今依然聳立在這塊遭遇過多次地震的土地上，這是因為那些疊牆的石磚都是大小交錯堆砌，中間還有一些木頭作為夾層，減輕了石頭之間的摩擦碰撞，增加了彈性，所以才能歷經多次地震和千年的滄桑歲月而不倒。

四周山壁雕鑿有更多的建築物。有些簡陋，還不及方形小室大，幾乎僅能算洞穴；另一些大而精緻的台梯，塑像，堂皇的入口，多層柱式前廊，所有這一切都雕築在紅色和粉色的岩壁裡。這些建築群是已消失的納巴泰民族的墓地和寺廟。

這種種神奇的景象，無不昭示這座已經沒落的城邦昔日的勝景，令人不禁遐想連篇。

復活節島上的神奇「天書」

復活節島是智利在東太平洋的屬島，在波里尼西亞文中，是「世界之肚臍」的意思。

大約一百萬年前，海底三座火山噴發，形成了這座小島。在西方人到達之前，這裡長期處於石器時代，島上的居民只有語言，沒有文字。

1722年，荷蘭海軍上將羅格文發現了這座島，因為那天是耶穌復活節，於是小島被命名為「復活節島」。

48年後，西班牙船長唐・菲力浦・岡沙列斯來到這裡，他在島上豎了三個十字架，宣佈該島歸西班牙所有。他要島上的領袖在歸屬檔上簽字，首領只在上面畫了一些古怪的符號。

1864年，西方傳教士埃仁・埃依洛踏上復活節島，並發現了刻有同種古怪符號的木板，島民們稱它為「科哈烏・朗戈朗戈」，意為「會說話的木板」。

「朗戈朗戈」大多都是深褐色，形狀像木槳，上面刻著圖案和文字符號，圖案種類多樣，有的像兩足動物，鉤喙、大眼、頭的兩側長有長角；有的像是人像，但背上長著雙翅，頸上長著兩頭；還有蜥蜴、蛙、魚、龜、螺紋、小船等幻想之物和真實之物。這些刻在木板上的古怪符

號，很可能是復活節島的古老文字。

埃仁到達復活節島之後不久，就因肺結核病逝了。在他死後，由於宗教原因，「朗戈朗戈」被大量燒毀，幾乎絕跡。再加上戰亂等原因，之後島上漸漸沒有人懂這種文字符號。

直到近年，科學家們才又收集到了一些新的資料，包括神話和傳說的原文、用拉丁字母紀錄的手稿抄本和科哈烏‧朗戈朗戈木板的副本。專家們希望能夠借助這些資料，解讀朗戈朗戈文字。

朗戈朗戈文字中有上千個符號。從文字符號的外形來看，復活節島文字跟中國的象形文字、古埃及的文字、原始印度文字、南美大陸的古文字以及克里特島文字都有相似之處。

其中有很多文字符號模仿的是月亮、星星、山脈等自然景觀和幾何圖形的形象。

然而，這些只是一些基本的形象上的解讀，專家學者們花費了大量的時間和精力去分析朗戈朗戈文字的真正含義，卻一直沒有什麼明顯的進展。直到現在，專家們也只能推測說這些符號有些可能是單詞，或許它們只是些符號，說明人們把口頭傳誦的一些文化和傳統傳遞下去，尤其是讓家族系譜記錄代代相傳。

目前，世界收藏的木板及副本只有20多塊，分別保存在倫敦、柏林、維也納、華盛頓、聖地牙哥、聖彼德堡

的博物館裡。

　　一百多年以來，世界各地的人不斷地前來探索、研究，反覆地經歷著希望、失望，但復活島上的這些刻著魚、星、鳥、龜等圖案及符號的神奇「天書」——這些「會說話的木板」，卻始終保持沉默。

兩千年前恢弘的克里特島

米諾斯，是傳說中克里特首領的名字，因此便將那一時期所產生的文化稱為「米諾斯文化」。西元前2000年左右，米諾斯人定居地克里特，並開始建造城市。隨著城鎮的修建，外來的移民逐漸多了起來。

他們選擇較溫和肥沃的東部地區，建立農業村落，開始使用銅器。約從這個時期的中葉(約西元前2300～前2100年)以後，銅器使用更為普遍，出現了銅製的三角形匕首，銅鋸和用於祭祀的銅製雙斧，以及精美的金飾等等。他們和埃及的聯繫也顯著加強，陶器、石刻器皿、象牙雕刻、石印章以及最初的圖畫文字演進為象形文字等，都反映出其受到埃及影響的程度之深。

從墓葬、住房的形式看來，由早期米諾斯文化直到後期米諾斯文化中期，即西元前2600年到前1450年這一千多年間，克里特島的居民基本上屬於同一種族和同一文化的人，學者稱為古代克里特人或米諾斯人。他們的語言文字和後來侵入的希臘人不同，但至今還不能確定他們的民族關係。

克里特的原始公社制，大約從這個時期的末葉(約西元前2100～前2000年)開始瓦解。在氏族中，已可看到較

富裕的大家族。他們不僅佔有生產資料，並擁有大量的金飾等奢侈品。私人印章已使用於陶器和各種日用器皿上，這反映出私有制已經得到極大發展。

　　大約到西元前2000年左右，克里特島便出現了最早的奴隸制國家。目前還無法闡明克里特階級國家發生的具體過程或特點。關於國家的形成，主要是從考古挖掘的結果推斷的。當時島上的若干地點出現了大小不等的城牆宮室，其中以島北克諾薩斯和島南法埃斯特的宮室建築最為宏大。從西元前1900年到前1700年間，克諾薩斯和法埃斯特兩地都發展了高度文化。王宮建築、從克諾薩斯到法埃斯特平原的驛道、青銅的冶煉、帶脊的長柄銅劍、薄殼陶、稱為「卡馬瑞斯式」的彩繪鮮麗的陶器、初期的象形文字等等，都標誌當時文化高度發展的水準。這個時期的工藝品，顯示出埃及第十二王朝工藝風格和題材的影響，壁畫則表現了特有的寫實風格。

　　最初出現的奴隸制國家可能還是各自獨立的小國，一座王宮就是一個小國的統治中心。各地的宮室曾經遭到破壞和反覆興建，說明這些小國彼此間有過戰爭，也可能發生過內部起義或其它動亂。從有限的考古資料中已可看出，國家內部的階級分化是相當劇烈的。統治者的王宮建築得豪華富麗，而農村和城市勞動者的住房卻極為簡陋。

　　在各地的王宮建築中，克諾薩斯的王宮最為突出。它建造得越來越宏大華麗，反映國王即傳說中的米諾斯王勢

力日益擴大。約在西元前1700年和前1600年左右，克諾薩斯王宮遭到兩次較大的破壞。每次破壞後又迅速興建起來，而且比以前規模更大。

在這一百多年間，以克諾薩斯為中心的克里特文化也取得了重大的發展。武器長柄劍和甲胄改進了，象形文字逐漸簡化並為線形文字所代替。這種線形文字是記寫古代克里特語的，稱為線形文字甲，目前還未釋讀成功。

1980年，英國考古學家在克里特島克諾索斯挖掘出一座王宮的廢墟。它占地約2公頃，房屋有幾百間，均由迂迴曲折的廊道連接，結構之複雜實為罕見，迷宮中還發現了雙斧標誌，學者一致認為，這就是米諾斯王國的雙斧宮殿，而在希臘神話中，雙面斧則是克里特島上宮殿的重要特徵。王宮的牆壁上有豔麗如初的壁畫，倉庫中儲存著大量糧食、橄欖油、酒以及戰車和兵器。一間外包了鉛皮的小屋有國王無數的寶石、黃金和印章。大量的繪製精美的陶器和做工精巧的金屬器具，展現出克里特人非凡的才華。

雖然那次的發現只是把克里特文明滅亡的時間向前推了100年左右，但對歷史學界帶來的影響卻不容小覷，西方文明史的起源部分可能要因此改寫。

蒙大拿州的「恐龍木乃伊」

「萊昂納多」是美國北達科他州的古生物學家丹·史蒂夫於2000年夏天在一次考古探險中發現的一具恐龍乾屍。牠是迄今為止所發現的最完整的恐龍化石，也是全球第四具出土的「恐龍木乃伊」。

2001年夏天，當牠被挖掘出來時，考古人員先用低衝擊力的電鑽將山坡上的大石塊擊碎，並挖開了一條直達發現地點的小路。他們挖掘出一個深達2公尺的大坑，然後小心翼翼地用解剖刀、刷子、小鑿子等工具才將恐龍骸骨清理出來。

這具恐龍化石被命名為「萊昂納多」。從出土的地質分析，牠來自7700萬年前的白堊紀晚期，古生物學家認為它是一隻鴨嘴龍，死時約三、四歲。他們還推斷牠生前約有7公尺長，體重大約在1.5～2噸。牠渾身佈滿了五角型的鱗片，這些鱗片大小如同一顆氣槍子彈到一角錢硬幣不等，而且牠背部有一小塊適於水中航行的軟組織結構。

萊昂納多的出土震驚了學術界，有科學家甚至將其重要性與羅塞塔之石相提並論。他們希望透過萊昂納多瞭解滅絕已久的恐龍生理結構。

令人驚訝的是，這具恐龍化石的肌膚紋理、胃中殘留

物、喉部器官、腳指甲及其他一些內臟均保存完好。萊昂
納多胃部的殘留物保存得相當好，甚至讓研究人員可以判
斷出這隻恐龍最後的晚餐是什麼，有一些蕨類植物、松類
植物和玉米類植物，令研究人員更驚奇的是，萊昂納多的
胃裡甚至殘存有超過40種植物的花粉。所有這些特徵，
都能讓研究人員瞭解白堊紀時代恐龍的飲食習慣、活動範
圍以及生活方式等等。

耶路撒冷的「哭牆」

2002年的某一天，在以色列耶路撒冷的哭牆處，人們像往常一樣前來祈禱。突然，在哭牆男士朝聖區的右邊，也就是接近女士朝聖區分界線的地方，一塊巨大石磚的縫隙處流出了水滴。人們發現，在牆上居然留下了一塊長30公分，寬10公分的明顯水漬。這使在場的所有人目瞪口呆——那被稱作「哭牆」的牆壁，竟然真得哭了起來！

雖然聖殿山的管理官員解釋說，那些水滴可能是從裝設的一條水管流出的。但一位專家指出，若是正常滴水，應該會蒸發，不可能擴散。

一些猶太教的神祕教派指出，在他們的典籍中預言，若哭牆流淚的話，世界末日就會來臨。另一位猶太教拉比佛洛曼更大膽預言：「人人皆知的預言說，當牆壁的石頭冒出水來，是彌賽亞降臨的前兆。」

哭牆為什麼會哭？它背後的真相又是什麼？

要解開哭牆之謎，首先得從哭牆所在地——耶路撒冷說起。耶路撒冷在希伯來語中的意思「和平之都」。但和平對於耶路撒冷來說似乎很遙遠。三千多年來伴隨著耶路撒冷的，盡是戰爭、殺戮、爭端，毀滅與重建，使得耶路

撒冷的歷史像謎一樣。

西元前10世紀左右，以色列王大衛打敗了迦南人，定都耶路撒冷。大衛下令將象徵著神的「約櫃」從示羅城迎來此地。從那一刻開始，耶路撒冷踏上了它崇高地位的第一步。

之後所羅門聖殿的建立，使所有教徒的眼睛都轉向耶路撒冷，它出現於人們的祈禱中，朝聖者甘冒路途的危險在每年重大節日之際登上它的階梯。耶路撒冷被稱為「上帝腳掌所踏之地」。耶路撒冷確立起了神聖的地位，聖地初現光明。

西元3世紀，君士坦丁一世的母親希拉娜太后巡遊耶路撒冷，命令在耶穌的墓地上修建了一座復活教堂，又稱聖墓教堂。此後的歲月，基督受難的遺物：十字架、釘子、荊棘冠、海綿、笞鞭被一一發現。耶路撒冷聖地的宿命不可改變。

西元7世紀初，傳說先知穆罕默德在阿拉伯半島傳教，在麥加城受到當地貴族的反對。一天夜裡，他從夢中被喚醒，騎著由天使送來的一匹有女人頭的銀灰色牝馬，從麥加來到耶路撒冷，在這裡踩在一塊聖石上，登上了七重天，在直接受到上天啟示後，當夜又返回麥加城。由於這夜遊神話，耶路撒冷也就成了伊斯蘭教的聖地。

至此，耶路撒冷成為猶太教、基督教、伊斯蘭教三大宗教共同的「聖地」，它接受著來自全世界億萬教徒的頂

禮膜拜。但三大教的信徒對聖城的狂熱，讓殘酷的征戰在幾千年裡持續不斷……謎一樣的宿命籠罩著這座城市。

災難總是與輝煌並存。西元前586年，新巴比倫（今伊拉克）國王尼布甲尼撒二世攻陷耶路撒冷，入侵者點燃王宮與聖殿，大衛及所羅門之國陷入了痛苦與黑暗之中。

之後在西元前63年，羅馬攻佔耶路撒冷時，他們驅逐了城內的猶太人。羅馬人在巴勒斯坦對猶太人的暴政，引發了四次大規模的起義，羅馬人進行了血腥鎮壓，屠殺了一百多萬猶太人，大批猶太人被掠往歐洲，淪為奴隸。劫後餘生的猶太人紛紛外逃，拉開了猶太人長達近2000年悲慘流散生活的序幕。

不料毀滅來得如此急切，不久後，羅馬帝國把這座巨形的建築傑作變成了一堆廢墟。羅馬將軍提度斯再次攻陷耶路撒冷，拆毀聖殿，實現了耶穌「將來這裡，沒有一塊石頭可以留在一塊石頭上而不被拆毀」的著名預言。西面的殘垣頹壁，成了聖殿遺留的血漬。聖地被野蠻的踐踏，令猶太人悲哭呼號，慘痛悽愴。在苦難中掙扎的猶太人一刻也不會忘記自己所經受的痛苦，家園支離破碎，流浪的命運時有發生。不少猶太人在聖殿的遺跡西牆，祈禱和平和悲思舊國，「哭牆」之名，從此不脛而走。

哭牆在猶太民族的心中已經不再是簡單的聖物，更是猶太民族災難史的總集和象徵猶太民族自強不息的標誌。

現在的哭牆，前來朝覲和獻祭的教徒總是絡繹不絕，

已是猶太人每逢宗教節日舉行儀式、誦經、祈禱和哭泣的所在。猶太人的後裔們，一生中總是渴望有一個機會來到哭牆下，在此虔誠地緬懷先人，追憶千百年來猶太民族所遭受的苦難，寄託他們對故國的哀思。以色列的猶太人相信這面牆是他們的精神媒介，透過它，可以跟上帝進行交流。

禱告的地方分隔成男女兩部分，男左女右。男士進入哭牆，必須戴帽，沒有帽子的旅客可於入口處自行取紙製圓形小帽戴上，在離開前交還。祈禱者可靠近牆身，摸著石頭向神禱告，可用任何語言大聲禱告，小聲禱告或默禱，更可以用任何文字寫禱文於紙條上塞進石縫中，紙條上的願望是寄給上帝的信，而哭牆則是通達精神天國的郵局。

如今的哭牆不僅僅是猶太人哀思的場所。電影《無情荒地有琴天》人物的原形之一，英籍大提琴家賈桂琳・杜普雷，與同時也是鋼琴家兼指揮家的丹尼爾・巴倫伯英，兩人在1967年相識並一見鍾情，於同年6月在哭牆邊舉行婚禮，共同為哭牆書寫了一段美麗傳奇。

哭牆還成為猶太人少年舉行成年禮的地方，此時充滿了歡愉的氣氛，所以又有人把它稱為「歡樂之牆」。成年禮時，少年在父親陪同下頌講經文櫃裡的經文表示成年，以後將自由選擇自己的道路。而母親則在欄外往男性區域拋進糖果，表示祝賀。

　　但是，「哭泣的哭牆」的傳聞在猶太人心中產生了負面的影響，為了還事情一個本來面目，各方專家開始尋找答案。

　　專家們發現，哭牆出現水漬並不是最近才有的，而是一種經常出現的自然現象。這種現象在2002年之前就出現過，當時查明，原因是哭牆另外一側用於滴灌的水管發生滲漏，而滲漏的速度和蒸發的速度正好相抵，所以水漬能夠長時間既不消失也不擴大。

　　以色列文物局會同有關地質和文物專家也對哭牆水漬現象進行了調查分析，最後專家們得出的意見也證實「哭牆之淚」其實並不神祕。以色列文物局在發佈的調查結論中說，這一個現象雖然不像一年半前那樣，是由於滲水形成的，但也屬自然現象，是由於一種長在石頭中間的植物腐爛後引起的。

　　「哭牆之淚」被證明純屬自然現象，但人們仍舊懷著最好的願望，希望和平早日降臨這片土地。那時，人們將不再互相殺戮，而哭牆也會恢復它本來的稱呼——西牆。

百年「神石」

在美國新罕布夏歷史博物館內，有一件奇特的蛋形石頭。這塊石頭是於1872年，被在美國新英格蘭地區溫尼珀索基湖附近修建圍欄的建築工人挖掘出來的。此石高約10公分、厚約6.5公分，它的一面刻有倒轉箭矢、月亮、圓點和螺旋圖案；另一面則刻有玉米穗和凹陷圓圈圖案。圓圈內有三個圖形，其中一個看起來像一條鹿腿。這些奇怪的圖案讓這塊石頭變得神祕起來，它因此被稱為「神祕石」。

「神祕石」另一玄妙之處是位於兩端的鑽孔。這兩個鑽孔看似分別由尺寸不同的鑽頭鑽成，但均為規則的圓柱形，而不是錐形。而且與用北美地區史前技術鑽成的孔不同，這兩個鑽孔裡面非常光滑。「神祕石」底端鑽孔內部有劃痕，這表示曾有金屬杆多次插入其中並拔出。美國考古學家理查·布瓦韋爾認為，「神祕石」上的兩個孔可能是有人用19世紀或20世紀出現的工具鑽成，而「圖案已有數百年歷史」。

「神祕石」的來歷似乎沒有人能說得清。《美國博物學家》雜誌認為，這塊石頭「是為紀念兩個部落間的條約」而刻。也有人認為它屬於凱爾特人或因紐特人。新罕

布夏歷史協會1931年收到的一封信則認為，「神祕石」是一塊「雷石隕石」；「通常看似經機器或手工處理過，其實來源於地下，包裹於黏土甚至岩石和珊瑚中。」地質學家尤金‧布戴特則認為，「神祕石」是由砂岩或糜棱岩衍生而來的石英岩。

但是，以上所有的觀點都沒有被完全認可，「神祕石」的存在也成為科學家們一直在努力破解的謎題。

「非洲屋脊」上的獨石教堂

　　埃塞俄比亞位於非洲東北部，高原面積占全國總面積的三分之二，平均高度為2500～3000公尺，有「非洲屋脊」之稱。埃塞俄比亞也是非洲文明古國之一，具有3000年的悠久歷史。埃塞俄比亞以其燦爛輝煌，古老久遠的文化遺跡名聞遐邇。

　　根據史料記載：西元初期建立起來的著名的阿克森姆王國，因先後遭到來自東方波斯人和阿拉伯人的入侵而逐漸衰弱，終於在10世紀末被紮格維王朝取代。1181年，紮格維王朝的王公拉利貝拉當上了國王，選定埃塞俄比亞北部山區的羅哈為都城，城名後來也改為拉利貝拉。拉利貝拉是個虔誠的教徒，十分崇信宗教，祈求上帝能夠保佑王朝強盛繁榮，傳之萬代。

　　為了表示其對上帝的一片虔誠之心，拉利貝拉國王特地從全國各地招募了五千名能功巧匠，在建築大師錫迪‧梅斯奎爾的帶領下，花了30年左右的時間，不用任何灰漿或黏合劑，在埃塞俄比亞高原堅硬的岩層中鑿刻出11座獨石教堂。

　　由於拉利貝拉國王1221年去世，在以後漫長的幾個世紀中，這一地區已遠離商業大道淹沒在荒山野嶺之中。

1974年，考古隊開始在埃塞俄比亞首都亞得斯亞貝巴尋找這種稱之為獨石教堂建築。據判斷，古稱羅哈的遺址在現在的首都之南約300多公里處。

考古隊終日在千山萬壑中、重山峻嶺中挖掘、尋找。烈日當空、乾渴難忍，他們全然不顧，經過幾個月的清理、挖掘，這顆被歷史的塵土和滄桑歲月掩埋達5個世紀之久的世界古代的璀粲明珠——11座獨石教堂再度放出瑰麗奪目的光芒。

這11座教堂均雕刻在地下約20公尺的巨大岩石裡，顏色、大小、形狀、造型各異。當人們步入獨石教堂，望著這鏤空透雕的門窗樑柱、走廊通道，欣賞著教堂內部色彩絢麗、各具特色的浮雕飾畫時，無不對古代建築大師巧奪天工的技藝發出由衷的讚歎！

考古隊經過鑑定，認為這些鬼斧神工般的教堂的施工大致可以分為三個步驟：先是清土，即將覆蓋在岩石上層厚積的泥土全部清除；其次鑿「毛坯」，即從岩層上向四周垂直往下開鑿，鑿出一塊塊深達12～15公尺的巨大石塊；最後是成形，即在那些巨石「毛坯」上外削內鏤，精刻細雕，將整個教堂的內部結構和裝飾，如柱頂走廊、浮雕塑像、裝飾花紋等都在巨石裡面鑿刻出來，而門窗樑柱則是從裡向外鏤空雕刻。由此，工程之艱巨，施工之複雜，技藝之精巧就可想而知了。

在這組雄偉奇特，氣勢不凡的獨石教堂中規模最大的

是梅法哈尼‧阿萊姆教堂。梅法哈尼‧阿萊姆意即「救世主」，故這座教堂又稱為救世主教堂。它是由一塊33公尺長，23.7公尺寬，11.5公尺高的紅色岩石鑿刻而成。整個教堂整體絳紅，宛如一團燃燒著的火焰，又似一輪西下的落日，顯得神聖而又莊嚴。救世主教堂內部共有28根石柱，屋頂呈碑形。阿克森姆石碑是一種大型的石製紀念物，往往高達幾十公尺，重400～500噸，這種石碑只有在埃塞俄比亞能看到，已成為埃塞俄比亞古建築的重要標誌。

　　這組教堂中最為精美的是瑪麗亞教堂，在其天花板和拱門上，色彩絢麗的紅、黃、綠等顏料繪成一幅幅幾何圖形和動物形象，色彩豔異維妙逼真，觀者無不賞心悅目，讚不絕口。

　　在凱爾教堂裡，考古學家發現了國王拉利貝拉的葬處和國王的一些遺物。而要論造型奇特，則當首推聖喬治教堂。整個教堂被鑿刻成十字架形，從上往下俯視，就像是一個平放在地上的巨大的十字架。埃曼紐爾教堂內部則有宛如木柱式的石雕橫樑，它的紅牆構成了線條分明的幾何圖形。

　　由於這些獨石教堂是在不同大小和不同顏色的岩石上開鑿的，因此，其顏色和大小各不相同，建築樣式也各具特色，無一雷同，但都有古老的阿克森姆式的石碑尖頂、門、窗和象徵性的橫樑。在教堂之間有壕溝、橋樑和岩洞

互相接通，這些過道本身又構成了一個個內院。

獨石教堂的發現吸引著世界各地的人們，他們不遠萬里來到埃塞俄比業一睹保存完好的古蹟。考古隊歷盡千辛萬苦尋找獨石教堂的事蹟，也成了70年代的一段佳話。

現在，這些教堂還在使用，到教堂禮拜已成為當地村民們生活的一部分。禮拜者之多令人吃驚，旅遊者可以看到人們正在教堂內和外面的大天篷下舉行禮拜，神父帶著一支隊伍伴著歌聲和鼓聲走進教堂的院子，人們五彩繽紛的長袍和儀仗傘在太陽的映照下，形成的一幅色彩斑斕的畫面。

南極「魔海」

威德爾海位於南極半島同科茨地之間，最南端達南緯83°，北達南緯70°至77°，寬度在550公里以上。它因1823年英國探險家威德爾首先到達於此而得名。威德爾海是南極的邊緣海，南大西洋的一部分，素有「魔海」之稱。

威德爾海的魔力首先在於它流冰的巨大威力。南極的夏天，在威德爾海北部，經常有大片的流冰群，這些流冰群像一座白色的城牆，首尾相接，連成一片，有時中間還漂浮著幾座冰山。有的冰山高1~200公尺，方圓200平方公里，就像一個大冰原。

這些流冰和冰山相互撞擊、擠壓，發出一陣陣驚天動地的隆隆響聲，使人膽戰心驚。船隻在流冰群的縫隙中航行異常危險，1914年，英國的探險船「英迪蘭斯」號就被威德爾海的流冰所吞噬，永遠留在了南極的冰海之中。

在威德爾的冰海中航行，風向對船隻的安全至關重要。在刮南風時，流冰群向北散開，這時在流冰群之中就會出現一道道縫隙，船隻就可以在縫隙中航行。如果一刮北風，流冰就會擠在一起，把船隻包圍，這時船隻即使不會被流冰撞沉，也無法離開這茫茫的冰海，除非等到第二

年夏季的到來。但是在這種情況下,生存下來的可能性幾乎等於零,因為船隻上的食物和燃料有限,很難支撐一年,同時威德爾海冬季暴風雪的肆虐,會使絕大部分陷入困境的船隻永遠「長眠」在南極的冰海之中。所以,在威德爾及南極其他海域,一直留傳著「南風行船樂悠悠,一變北風逃外洋」的說法。直到今天,各國探險家們還堅守著這一信條,足見威德爾海的神威魔力。

在威德爾海,不僅流冰和狂風會對人施加淫威,對探險家們來說,鯨群也是一大威脅。夏季,在威德爾海碧藍的海水中,鯨魚成群結隊,牠們時常在流冰的縫隙中噴水嬉戲,看起來牠們悠閒自得,其實兇猛異常。特別是逆戟鯨,牠們是有名的海上「屠夫」。當發現冰面上有人或海豹等動物時,會突然衝破冰面,一口將其吞食。正是逆戟鯨的存在,使得被困威德爾海的人更加難以生還。

絢麗多姿的極光和變化莫測的海市蜃樓,是威德爾海的又一魔力。船隻在威德爾海中航行,就像在夢幻的世界裡飄遊,它那瞬息萬變的自然奇觀,既使人感到神祕莫測,又令人魂驚膽喪。有時船隻正在流冰縫隙中航行,在流冰群周圍,會突然出現陡峭的冰壁,像船隻被冰壁所圍駛入了絕境,讓人驚慌失措。頃刻,這冰壁又消失得無影無蹤,使船隻轉危為安。有時船隻明明在水中航行,突然間好像開到冰山頂上,使船員們驚慌不已。還有當晚霞映紅海面的時候,眼前會出現金色的冰山,彷彿向船隻砸

來。

在威德爾海航行，大自然不時向人們顯示它的魔力，使人始終處在驚恐不安之中。大自然演出的這一場場鬧劇，不知將多少船隻引入歧途，有的竟為了躲避虛幻的冰山而與真正的冰山相撞，有的則受虛景迷惑而陷入流冰包圍的絕境之中。威德海是一個冰冷的海，可怕的海，也是一片神奇的海域。

「卡布奇諾」海灘

2007年的8月，澳洲悉尼北部海岸線上，出現了一條長達30英里的巨型泡沫帶。它看起來就很像層層堆疊的蠟燭油，或者好像是誰點了一份超級大杯的「卡布奇諾」。這些驚人的泡沫是普通的海浪互相撞擊形成的，並不含有特殊的成分，但是海浪產生的泡沫能聚積這麼多還是三十年來的第一次，往年產生這樣的「卡布奇諾」海灘的機率非常小。

泡沫吞沒了此處整個的海灘和幾乎一半的沿岸建築物，其中包括岸邊的救生員中心，科學家認為這場發生在澳洲新南威爾斯的「泡沫災難」還是與海水中的某些物質相關，例如鹽分、化學物質、死去的海草和魚類、海藻分泌物等等，雖然這些物質在海水中一直存在，但聚積成這麼巨大的效應則非常少見。

科學家們認為海洋中的不純物質增多和強勁洋流一起作用，才能產生出這麼多泡沫。這些不純物質在表層水面以下互相黏結，當它們被海浪拍向海岸時，就會因為水浪的運動而產生氣泡，大量氣泡黏結在一起最終形成了巨型泡沫海灘。

一名海洋學家解釋這種泡沫海灘的形成原理時比喻

說：「這就好像人們使用的牛奶泡沫攪拌器，你攪動得越快，泡沫就會越多，其重量也會越輕。」

　　但是科學家說，這種巨型泡沫形成的原因可能預示著暴風雨頻發，因為風暴會對洋流運動帶來劇烈變化，當遇到富含懸浮物質的水體時，就會產生這樣大量的泡沫。

沉入海底的「姆大陸」

　　早在一萬二千年前，在太平洋這片汪洋大海的南部曾
出現過一片幅員遼闊的大陸。這塊大陸的面積相當於南、
北美洲之和。陸地上沒有險峻的山脈，是一片綠蔭覆蓋的
美麗平原。人口約6700萬，各種膚色的人們在這塊土地
上安居樂業。他們和古代印第安人一樣，崇拜太陽神。他
們還創造了輝煌璀璨的文化，不僅懂得使用火，而且還創
造了人類最早的文字，一種原始的刻畫符號。他們用長方
形表示國土，盛開的蓮花表示姆大陸……這種刻畫符號，
實際上就是紀念姆大陸消逝的碑銘。

　　此外，姆大陸的居民還會燒陶、編織、繪畫、雕刻。
他們的漁業十分發達，能夠製造大船，遠涉大洋，在世界
各地開闢了殖民地。建築業也十分先進，能用石塊建造大
型的建築物和金字塔。至今仍保留在墨西哥尤卡坦半島上
的金字塔，很可能就是受它的影響而建造的。

　　那麼，這個姆大陸發生了什麼變化呢？英國軍人查
瓦德在其《消失了的姆大陸》一書中敘述道：「12000年
前，一場災難性的大地震發生了。大地震的發生，導致火
山爆發。滾滾的岩漿吞噬了地面上的一切。不久，再次發
生了強烈地震，大陸上的人們隨同他們遼闊的國土一起沉

入海底。一瞬間，它把創造了燦爛文化的姆大陸從海面上抹去。」

由此，有人設想姆大陸沉沒的原因是：大陸下面有好幾個充滿一氧化碳的洞穴，這些一氧化碳透過火山活動形成的地下裂縫溢出地面，大陸下層成了蟻穴般的空洞。當大地震發生，造成整個大陸的下沉。但是也有人對這種設想及查瓦德的論述半信半疑。

姆大陸沉入海中一說有其道理。因為地殼是在不停運動的，在這種運動中，有時高山沉入海底，海地上升繼而成為陸地，所以「沉海論」這種可能性是非常大的。進入21世紀以來，隨著科學的發展，日本探險隊在南美的平均海拔達3700公尺的安第斯山上發現了數千萬年前的海貝化石。這說明姆大陸可能曾是露出海面的一塊遼闊國土，而安第斯山脈則是海底的火山山脈。至於姆大陸消失後遺留下來的城市遺跡，美國科學家喬治瓦特認為在太平洋諸島上比比皆是。當時屬於姆大陸一部分的復活節島倖免於這場災難，沒有沉入海底，現在島上的眾多巨人石像和刻有文字的石板很可能就是姆大陸的遺物。

波納佩島附近的南馬特爾小島上的建築遺址，以王陵所在的「神廟島」為中心，共有90多座人工島，每座島上均有高約10公尺的玄武岩石城牆，島上還設有防波堤、牢獄等，據說也是姆大陸的遺跡。塔西堤島上有一種類似中美洲金字塔的建築物，也是姆大陸的遺物。喬治瓦

特還根據多年的研究成果，描繪了姆大陸居民的移民路線。他認為，人類文明發源於姆大陸，繼而傳播到美洲大陸，然後又從美洲大陸傳播到大西洋上的大西洲，最後才從那裡傳播到埃及、歐洲和非洲，因此，姆大陸是人類文明的搖籃。

太平洋諸島上這些互不相關的遺跡、遺址和遺物果真是消逝的姆大陸居民創造的嗎？從最新考古研究成果來看，太平洋諸島上的居民居住歷史至多不超過3000年。如何解釋12000年前消逝的姆大陸與太平洋諸島之間的時間差異呢？根據現代地質學常識，大洋的地殼是較重的玄武岩構成，大陸的地殼由較輕的花崗岩構成，海底地殼與陸地地殼存在著本質的差異。

日本科學家們希望透過對太平洋底全面、廣泛的科學考察，挖掘出新的證據，以期對姆大陸的存在與否作出一個可信的解答。最後需要提出的是，在地質學上，一般認為地球上最後一次造山運動——阿爾卑斯造山運動發生在距今6000萬年前，而喬治瓦特卻認為地球上山脈的形成是在距今12000年前，兩者之間的差異如此之大，該作如何解釋呢？

地球表面幾度浮沉、桑田滄海固然是事實，但是浩瀚的太平洋中，果真存在過這樣一個高度文明的姆大陸嗎？也許，這僅僅是對世界充滿好奇的人類的一個天真想像而已。

神祕失蹤的天然湖泊

2007年7月，位於俄羅斯下諾夫哥羅德州博羅特尼克沃村的一處天然湖泊，突然在一夜間神祕失蹤。該湖泊原來湖水多達幾百萬立方公尺，周圍還有小樹林環抱。

博羅特尼克沃村的村民立即將此事通報了俄聯邦緊急事務部，地質專家在湖底進行調查後指出，湖水的消失是中空地層發生塌陷造成的，而塌陷地層處可能和某條地下暗河相連結，因此湖水全部被迅速「吸」到地下了。

湖泊附近也出現過一些怪現象：原來湖旁建有一座東正教教堂，但後來不知什麼原因突然塌陷並被湖水淹沒；大約70年前，村子裡也發生過多次房屋突然塌陷並「鑽」到地下的事件。這些似乎都和湖泊的突然消失不無聯繫，但想要科學地解釋這些現象，必須將它們之間的聯繫清晰地理順出來。

日本的水底城堡

1985年，靜靜地躺臥在日本海域南端沖繩島附近海域二、三十公尺深水底的一些神祕的石頭偶然被發現。

從潛水夫所拍攝的照片上，可以看出這些神祕的水底結構與天然形成的結構有明顯的不同之處。多層的石頭平臺、成直角的石塊組成牆壁樣的結構，以及環繞著六角形柱子的石環，都帶有人工雕琢的跡象。

另外的一些線索更加耐人尋味：在石結構周圍有一條環繞著的道路；石頭上面有孔，以及附近的海底和海邊有構造類似的石頭城堡。這些都似乎在暗示人們，這裡曾經有過古代的城堡，並且有為舉行重大儀式而修建的石頭平臺。

迄今為止，在沖繩島海域共有兩個主要地帶引起了人們的關注：一處在沖繩島附近的名護海域，這裡有看起來像牆壁的構造，以及被珊瑚所包裹的成直角的石塊；另外一處緊鄰著日本最南的島嶼——慶良間列島的南端，這裡有一個不規則形狀的五層平臺，看起來非常像古代舉行各種儀式用的多級平臺。至今，包括這兩處海域在內，共有八處反常的水底構造被發現。

沖繩島琉球大學的海洋地質學家木村教授已經對這八

處反常的水底結構，尤其是在慶良間列島附近的水底平臺進行了數年的研究。他堅信這些水底的紀念碑是由人建造的，很可能是一個未知的古代文明所遺留下的，或許就是來自孕育過最古老文明的亞洲大陸。

他的理由是，如果慶良間的那五層結構是自然風化所形成的話，那麼在附近一定會找到因風化腐蝕所形成的碎屑，但是至今在這裡沒有發現任何的岩石碎屑。另外，木村教授認為，那環繞著石頭城堡的道路，也顯然是人類所留下的，他判斷，建造這些水底的構造需要高度的技術水準和一定機械的輔助，如果不是出於人類之手，單靠大自然的力量是難以完成的。

1998年5月，兩名具有豐富潛水經驗的美國潛水夫阿布斯諾特和賽義德完成了對這八處遺址的水底考察。在慶良間的水底平臺上，兩位潛水夫發現了非常精確的直線構造，它們清楚地顯示，這裡不是經過工具的加工，就是由人類對自然的地質構造進行了改動。尤其是在平臺上發現的孔洞，不像是天然形成的，很有可能是用以插入柱子來支撐木頭結構的。阿布斯諾特從附近島上具有相似建築風格的城堡判斷，名護附近的構造可能是城堡的圍牆。

經過多次的下水考察，美國科學家斯科克和搭檔維斯特對這裡水底獨特的地貌形成，提出了一個可能的地質學上解釋：這一切可能都是分層沉積岩的自然侵蝕作用形成的。強大的海水流將被侵蝕的岩石「像大塊的千層蛋糕」

一樣切去，進而留下看起來像是完全平行和精細切割過的溝槽和平臺結構。在與慶良間類似的另一塊反常構造上，可以看到水底的岩石呈現與之這樣的分層，而同樣另一塊岩石的水面以上部分則不呈現類似分層，這就暗示著是浪和水的作用力對岩石產生了切割作用。

在這裡的水面以上，還殘留著一些古代的墳墓，它們可以肯定是人類修造的，而且其設計顯然是由水底的神祕結構演變來，這些神祕結構在8000到10000年以前，上一次冰川期的末尾還處在海平面以上，後來隨著冰山的融化而沉入海底。斯科克認為，種種跡象，也使他無法排除這些遺址並非人類建造，或者經人類改造的可能性。答案仍有待時日。

那麼這些水底構造是什麼年代的呢？已經有了幾種可能的解釋。這片遺址可能是上一次冰川期的末尾，大陸冰盾融化時被淹沒的。或者，由於日本坐落在太平洋活火山帶上，頻繁的火山活動造成了這片地帶的陷落和沉沒；還有可能是某種災難性的事件，使得它完整而直立地陷入了海洋之中。

東京大學的地質學專家石井教授認為，這片遺址部分是由人工製造的，它的年代約為西元前8000年，與古代西亞的美索不達米亞和印度河谷文明大致同期。另外還有一些學者則認為它的年代應該在12000年前。

沖繩遺址也許不能為一個消失的文明的存在提供確切

的依據，但是埃及考古學家約翰維斯特確信，沿著太平洋沿岸、地中海沿岸的大陸架，曾經存在過一個古老的文明。至於沖繩遺址的謎底，以及這個消失的文明的祕密什麼時候能夠揭開，我們拭目以待。

巴哈馬群島的神祕水底建築

1958年，美國動物學家范倫坦博士來到大西洋巴哈馬群島進行觀測研究。範倫坦是個深海潛水好手，在水底考察時，他意外的在巴哈馬群島附近的海底發現了一些奇特的建築。這些建築是一些古怪的幾何圖形——正多邊形、圓形、三角形、長方形，還有連綿好幾海浬的筆直的線條。

十年之後，范倫坦博士宣佈了新的驚人發現：在巴哈馬群島所屬的北彼密尼島附近的海底，發現了長達450公尺的巨大丁字形結構石牆，這道巨大的石牆是由每塊超過一立方公尺的巨大石塊砌成的。石牆還有兩個分支，與主牆成直角。范倫坦博士興奮不已，他繼續探測，並很快發現了更加複雜的建築結構——平臺、道路還有幾個碼頭和一道棧橋。整個建築遺址，好像是一座年代久遠的被淹沒的港口。

1974年，一艘蘇聯考察船也來過這裡，並進行了水底攝影和考察，再次證明了這些水底建築遺址的存在。很快的，巴哈馬群島一帶便擠滿了世界各地趕來的科學家、潛水家、新聞記者和探險者，而圍繞著這些水底石牆的爭論也越來越多。有些地質學家指出，這些石牆不過是較為

特別的天然結構，並非人工築成。但更多的學者認為是人造的。對這些建築究竟是誰造的這一點上，他們的看法也很不一致。有人認為，巴哈馬與馬雅人的故鄉尤卡坦半島相距不遠，因此這可能是史前馬雅人的古建築，由於地殼變動而沉入水底。有人則從巴哈馬海域陸地下沉的時間上推算，認為這些水底建築建成於西元前七、八千年間，因此應該出自南美古城蒂瓦納科的建造者之手，但蒂瓦納科的建造者是誰本身就是個謎。

還有一些人說，1945年已故的美國預言家凱斯，在生前曾作過一個預言，宣稱亞特蘭提斯將會於1968年或1969年在北彼密尼島海域重現，如今範倫坦的這個發現，正好印證了凱斯的預言，因此這裡就是那個在西元之前沉沒了的著名的亞特蘭提斯。

當然，更多嚴肅的科學家們拒絕按預言來判斷，但人們又無法作出較為圓滿的解釋，只能籠統地回答這些水底建築「大概是人建的」，年代「相當久遠」。至於到底是誰造的，造於什麼時候，至今仍沒有人能夠回答。

怪異的北緯30度線

在地球北緯30度附近，有許多奇觀絕景，自然謎團更是頻頻發生，如中國錢塘江的大潮、江西的廬山、四川的峨眉山，巴比倫的「空中花園」，約旦的「死海」，古埃及的金字塔及獅身人面像，北非撒哈拉大沙漠的「火神火種」壁畫，加勒比海的百慕達群島和遠古馬雅文明遺址……可以說，在這一緯度線上或其附近，奇事怪事，數不勝數。

1、「魔鬼三角」

1945年4月16日，2000多噸的日本運輸船「神戶丸」號行駛到中國江西鄱陽湖西北老爺廟水域突然沉入湖底，船上200多人無一生還。其後，日本海軍曾派人潛入湖中偵察，下水的人中除山下堤昭外，其他人員全部神祕失蹤。山下堤昭脫下潛水服後，神情恐懼，接著就精神失常了。抗戰勝利後，美國著名的潛水專家愛德華‧波爾一行人來到鄱陽湖，歷經數月的打撈仍一無所獲，除愛德華‧波爾外，幾名美國潛水夫再度在這裡失蹤。40年後，愛德華‧波爾終於向世人首次披露了他在鄱陽湖底驚心動魄的經歷。他說：「幾天內，我和三個夥伴在水底幾公里的水域內搜尋(神戶丸)號，沒有發現一點蹤跡。這一

龐然大物究竟在哪裡？正當我們沿著湖底繼續向西北方向尋去時，忽然不遠處閃出一道耀眼的白光，飛快向我們射來。頓時平靜的湖底出現了劇烈的震動，耳邊呼嘯如雷的巨響隆隆滾來，一股強大的引力將我們緊緊吸住。我頭暈眼花，白光在湖底翻轉滾動，我的三個潛水夥伴隨著白光的吸引逐流而去，我掙扎出了水面……」

2、「巴別」通天塔

在伊拉克首都巴格達南約100多公里的巴比倫城，矗立著一座年代久遠的「巴別」塔，當地人稱之為「埃特曼南基」，意為「天地的基本住所」。

為什麼古巴比倫人要建造通天塔呢？它是奴隸制君主的陵墓，還是古代的天文觀測之地？至今沒有人能回答。

3、原始部落神殿遺址

在黎巴嫩巴爾別克村，有一個原始部落遺址，它的周邊城牆是用三塊巨石砌成，每塊都超過1000噸。僅其中一塊石頭，就可以建造三幢高5層、寬6公尺、深12公尺的樓房，且牆的厚度達30公分。沒有人能說清楚這三塊巨石在當時是怎樣運來的。

4、加州「死亡谷」

在美國加利福尼亞與內華達州相毗鄰的山中，有一條長達225公里、寬度在6～26公里，面積達1400平方公里的「死亡谷」，峽谷兩側懸崖峭壁，異常森嚴。1949年美國有一支尋找金礦的勘探隊，因迷失方向而誤入此谷，

幾乎全軍覆沒。有幾個人僥倖脫險爬出，之後不久也不明不白地死去。此後，曾有多批探險人員前去揭謎，除大多數葬身此谷外，倖存者也未能揭開這個謎。令人不可思議的是，這個地獄般的「死亡谷」，竟是飛禽走獸的「極樂世界」——200多種鳥類、10多種蛇、7種蜥蜴、1500多種野驢等動物在那裡悠然自得，逍遙自在。

5、動植物「一邊倒」的神祕地帶

在美國加利福尼亞州聖塔柯斯小鎮的郊外，有一個神祕地帶。這裡是一片茂密的樹林，所有的大樹都向同一個方向大幅度傾斜。人也毫不例外，進入此處無論如何也無法垂直站立，身子竟會不由自主地與樹木向同一個方向傾斜而不跌倒，且還能不費力地行走，即使從空中落下的物體，包括飛行中的鳥類也會往一個方向傾斜。這個神祕地帶出現的種種怪異現象，完全違反牛頓的萬有引力定律。

6、百慕達「魔鬼三角區」

百慕達是一個奇怪的地方。在這裡不明不白失事的飛機多達數十架、輪船100多艘，不僅如此，百慕達還出現過許多穿越時光隧道失蹤，而又突然出現，且「使人年輕」的傳聞。一提到百慕達，人們就會感到毛骨悚然。一個科學團體認為，此處可能有一塊巨大的隕石。約1500年前，這塊巨大的隕石從太空飛來，墜入大西洋。這塊大隕石猶如一個大黑洞，具有極大的吸引力，連光線也能吸引進去，何況飛機、輪船。墨西哥半島上的伯利茲也曾經

飛落過一塊隕石，摧毀了地球上的萬物生靈，其塵埃在地球的上空彌漫10年之久。百慕達離伯利茲不遠，是不是受雙重影響不得而知。

如果隕石造成百慕達「魔鬼三角區」的論點成立的話，北緯30度一線附近的種種怪異現象是否也可用隕石論的觀點來解釋？西方著名科學家赫爾比格曾提出過一個令人驚歎的理論，地球在其46億年的歷程中，先後「捕獲」了4顆衛星，即4個月亮。這4個月亮恰好跟地球的4個地質年代相符合，與地球4次大變動相印證。人們今天看到的月球是地球的第4顆衛星，前3顆由於在運行中離地球太近，最後都墜落了。在墜落到地球赤道偏北附近3個地方之前，發生了爆炸，摧毀了世界上的萬物之靈，地球變形了，形成了太平洋、印度洋和大西洋。三顆月亮落地中心除印度洋以外，其他兩顆碩大的月球都是在北緯30度附近，不僅形成了三大洋，其地球內部地核結構也發生了劇烈的變化，使地球自轉和繞太陽公轉的軌道均呈傾斜。

但也有人認為，地球運轉軌道呈斜形，是面積217.56萬平方公尺的格陵蘭島億萬冰雪融化導致地球失去重心造成的。還有人認為，地球運行呈斜形(往西北方傾斜)並非上述兩大原因所致，而是地球的衛星──月亮在發揮作用。因為月亮始終是繞地球轉的，地球被月亮牽制住了。眾說紛紜，然而北緯30度的神祕依然存在，仍是謎團。

全球七大奇觀

1、摩洛哥會爬樹的山羊

摩洛哥的農夫會將一群山羊趕到堅果樹，讓牠們爬到樹枝上，並在樹枝之間來回跳躍。並不是農夫希望看到山羊攀爬在樹枝上的奇特景象，實際上是他們希望收集堅果樹上的堅果殼。堅果被山羊吞食之後，其中的果殼是無法被消化的，會隨著山羊的糞便排出體外，農夫就將山羊的糞便收集起來。通常糞便裡包裹著堅果殼，每個堅果殼裡會有1-3個果仁，這種堅果仁非常珍貴，可榨取油用於烹飪和美容化妝，甚至還有按摩、催情功效。這種堅果油提取方法在當地人已有數百年的歷史，但是由於堅果樹的過度採伐和山羊的過度放牧，現今堅果樹正在逐漸消失。

鑒於此，相應的團體組織試圖救治這些珍貴的堅果樹，在堅果樹主要生長區域建立生物圈保護，同時，他們不斷地宣傳著堅果油的作用，以讓人們知道堅果油是一種口味獨特的食品，並具有抗衰老作用。不過人們顯然不會知道這種珍貴的用於食品烹飪和美容的油，竟是透過山羊吞食後排便收集的。

2、委內瑞拉持續性風暴

神祕的卡塔圖姆博閃電是當今世界上最為奇特的自然

現象之一，這是雲層對雲層間的閃電，在5公里高空處形成一個電壓弧，每年持續140～160個夜晚，每晚持續10個小時左右，其每小時的電壓弧強度是平時的280倍。

這種接近永久持續性風暴發生於卡塔圖姆博河流入馬拉凱博灣的沼澤區域，透過測定雲層間放電強度和產生電的頻率，它被認為是地球上產生最多臭氧的地區。該地區每年估計放電1176000次，電流強度達到40萬安培，在400公里之外仍可清晰看到。這就是為什麼人們總是將該現象當作「馬拉凱博燈塔」，用於船隻航行。

3、洪都拉斯「雨魚」

在洪都拉斯民間傳說中經常會有關於雨魚的故事。這種現象通常出現在5～7月份的德約羅省境內，該現象的目擊者聲稱，起初太空中出現暗黑色雲層，接著出現閃電、雷鳴、強風和暴雨，持續2～3個小時。雨停之後，就會在地面上發現數百條活生生的魚。當地居民會將這些魚拿回家烹飪食用。從1998年開始，當地就有「雨魚節」，每年進行慶祝活動。

4、印度喀拉拉邦紅雨

2001年7月25日至9月23日，印度喀拉拉邦南部天空突然下起紅色雨水，起初還是零星的紅色雨點，隨後陸續出現強烈的傾盆大雨，這種特殊的紅色雨水非常像血液，能使衣服一樣染色。黃色、綠色和黑色的雨水也曾經光顧過喀拉拉邦地區。

最初，許多人認為帶有色彩的雨水很可能是由於摻雜著流星灰塵造成的，但是由印度政府委託的一項科學研究證實，雨水變成彩色是由於當地大量繁殖的陸生藻釋放到空氣中的孢子導致的。

5、巴西的世界最長海浪

在二月和三月，大西洋的海水將捲入巴西的亞馬遜河域，進而形成世界上最長的海浪。這種現象被稱為「河口高潮」，這個名稱來源於本地圖皮人語言，就是「巨大破壞噪音」的意思。

這種現象是由這兩個月份大西洋海水受潮汐影響形成的，一年兩次。潮汐巨浪產生的海浪高達12英尺，能夠持續半小時多。這股海浪在到達前30分鐘就能聽到，它非常強大，可以摧毀任何事物，包括樹木、當地房屋建築，以及所有的動物。然而，這種壯觀的海浪卻頗受衝浪者的青睞，自1999年舉辦第一屆衝浪錦標賽之後，每年都在此舉行一次。然而，在河口高潮處進行衝浪是非常危險的，有時海浪中會摻雜著亞馬遜河中大量的殘骸（如漂浮著的樹木）。在河口高潮處最遠距離衝浪的記錄保持者是巴西人皮庫魯塔·薩拉祭爾，他於2003年衝浪37分鐘，隨浪前行了12.5公里。

6、丹麥黑太陽

每年的3月至4月中旬，歐洲星椋鳥從南部遷徙道丹麥，白天在草地尋找食物，晚上棲息在蘆葦之中。夏季，

大約在日落前半小時，成群結隊數以百萬計的星椋鳥從四處聚集在一起，在空中結成一支編隊，遮天蔽日，於是形成了獨特的「丹麥黑太陽」。

7、美國愛達荷州火彩虹

「火彩虹」是一種地平弧線，屬大氣現象。2006年6月3日，美國愛達荷州北部700平方英里的區域內，火彩虹景象持續出現了1個小時。火彩虹的光線穿過透明、六邊形盤狀晶體構成的高海拔卷雲，陽光進入晶體的垂直邊，從底部邊離開並發生折射，然後分散一系列的可見色彩。當盤狀晶體在卷雲中排列最佳位置時，就會呈現出絢麗的彩虹色彩。

PART 2

被掩蓋的
人文奇觀

吐魯番火焰山下的清代乾屍

2009年1月5日下午14點左右，在中國新疆吐魯番地區鄯善縣境內的一處火焰山下發現一片清代墓葬群。這個墓葬群是由當地施工平整地面、修建涼房的建築工人在挖地基時發現的，隨即他們通知了鄯善縣旅遊文物局。文物局局長和工作人員立即趕到現場，並對現場實施保護。

隨後，鄯善縣旅遊文物局邀請新疆文物考古研究所、吐魯番地區文物局的專家趕到這片工地進行現場勘察。經過考古人員細心挖掘，現場共挖出兩具乾屍，並有大量的鞋帽衣物等。

乾屍所在的棺木都是厚度為1公分左右的薄木板，並且幾座古墓中均未發現隨葬品。令工作人員感到驚奇的是，其中一具乾屍身高約1.7公尺，中等身材，前額髮際剃光，腦後拖著一根烏黑、細長的辮子，皮膚雖然乾癟，但卻完好無損，唇上的鬍鬚還清晰可見。他穿著深藍色的半長棉襖、深灰色的棉褲，青色的長衫衣襟敞開著，沒有穿鞋，腳裸露在外。可以說，這是迄今為止保存最好的乾屍。

在古墓葬現場，研究員認為：「在清朝，吐魯番地區鄯善縣內有漢族居民或者軍隊生活駐紮。」

　　根據史料記載，清朝政府曾在現今鄯善縣一帶戍邊屯田，並且以前也曾在此發現過幾處屯田遺址，而這個墓的主人是男性，所以他極有可能是個屯田士兵。

　　關於這兩具乾屍的確切身份還需要進一步的研究，這個墓地的規模也需要進一步的挖掘才能確定。

洛陽出土「天子駕六」

20世紀的50年代，中國考古隊在河南省洛陽市澗河東岸發現了東周王城遺址。這個城址是西元前770年周平王東遷洛陽後建立的都城，至西元前256年東周滅亡，共歷515年。

經勘探，考古學家描繪出了東周王城的基本佈局：宮殿區位於王城的西南隅，以宮殿區為中心，在其東邊是糧窖區，在其北邊，為作坊區和居住區；王城的東半部分，則為墓葬區。

在對東周王城的考古挖掘中，最令人感到振奮的是50多座車馬坑的發現。如此眾多的車馬坑，成為考古史上的一大奇觀。在這眾多的車馬坑當中，最大的一座長達42公尺，寬為7.2公尺。其顯赫的陣容、絕大的規模令人歎為觀止。

除了其陣容和規模令人稱奇外，最讓考古人員感到興奮的是，在這座車馬坑內挖掘出一輛由六匹馬組成的車馬遺跡。這一次的發現，印證了古書記載中有關夏、商、周時期「天子駕六」之說，同時也證明，這輛車馬為「天子之乘」。其保存的完好程度及其宏大的規模，在世界上都是罕見的。

阿爾泰山的石人

「獅子鼻和巨大的下顎」——這是古希臘歷史學家希羅多德在其著作《歷史》中，對生活在阿爾泰山區的人的形容。這種長相是典型蒙古人種的特徵，許多考古學家在阿爾泰山上發現的石人的面相與希羅多德的描述相一致。

這位古希臘最著名的歷史學家在書中還提到，居住在阿爾泰山的這些人是「禿頭的人」，而阿爾泰山的石人的腦袋同樣是光禿禿的，沒有任何可以被稱為裝飾物的東西。

除了這種巧合外，還有一個非常有趣的現象：希羅多德說「禿頭人」在山中看守黃金，而阿爾泰山的確自古以來就有金礦。學術界所說的「草原絲綢之路」中的「絲綢」並非美麗精緻的布料，而是黃金，正因如此，「草原絲綢之路」又被稱為「黃金大道」。

與山上巨大石人相對應的是山下的小型石人。康家石門子位於中國新疆呼圖壁縣的天山深處，在石門子崖壁之上，人們發現了一幅面積達一百多平方公尺的岩畫，岩畫上的人物大都體態修長、高鼻深目，具有歐羅巴人種的特點。看上去與山上具有蒙古人種特徵的石人並不是同一個民族。那麼，這些人是什麼民族？他們來自哪裡？

　　在中國新疆布林津縣挖掘的一座三千年前的古墓葬裡，人們找到了這個答案。在這座古墓裡出土了兩個奇特的小型石人，其中一個石人呈淡黃色，高鼻深目，和康家石門子岩畫上的人種非常相似。考古學家經過研究認定，這些人就是古代的塞人。

　　其實不管是阿爾泰山上的石人，還是山下隨葬的石人，都具有靈魂保護的含義，它的根源就是對石頭本身的崇拜，認為石頭具有通靈的作用。

　　在阿爾泰山下的墓葬中，還有一些和隨葬石人共同存在著一種奇特石柱，這些石柱上雕刻的基本都是鹿形圖案，因此也被叫做鹿石。刻在鹿石上的鹿群線條簡單，形象卻很生動，所有的鹿嘴都被拉成了細長的鳥喙。研究者認為，這種鹿身鳥喙的造型是在為死去的人的靈魂安上翅膀，希望他們早日升上神界。

　　這種「鹿石」占石柱的絕大部分，而另一些石柱上只有一些抽象的符號，這些符號有的是斜線，有的是小圓圈，有學者認為，這其實是抽象的人形。今日，矗立在草原上的石人已經成為一道風景，成為一種神祕主義的象徵。

大麥地岩畫

在中國的寧夏，有一片名叫衛寧北山的山地。在這片連綿起伏的山地裡，有個頗具神祕色彩的地方叫大麥地。大麥地原本默默無聞，是大麥地岩畫讓它出了名。

由於大麥地岩畫的發現，中國文字的起源有可能將往前推5000年。

衛寧北山是古代原始先民北上的重要通道之一，而大麥地又是這一條通道上的一個重要驛站，由此經過的人們常在這裡憩息、休整，這些活動被他們透過岩畫而詳細地記錄下來。

相對於世界其他地區的岩畫，中國大麥地岩畫最大的特點是內容極為豐富。人們的生活、生產、經濟狀況、生存環境，乃至心理活動，都被納入岩畫創作內容中。

除此之外，大麥地岩畫的另一個特點是數量多。在同一時期的歐洲，岩畫數量並不多，一般在400幅左右，沒有一處超過1000幅。而大麥地岩畫則不同，在岩畫最集中15平方公里的範圍內，岩畫數量多達上萬幅。

這還不是大麥地岩畫讓人感到驚奇的地方，最令人眼前為之一亮的，是大麥地岩畫當中大量出現的圖畫符號。人們普遍認為，這些圖畫符號是中國文字最早的雛形。

在人們的印象中，漢字是從甲骨文發展起來的，但甲骨文已然是成熟的一種文字。而且甲骨文不可能憑空而來，它必定有一個繼承發展的過程。那麼在甲骨文之前，文字到底是什麼樣的呢？

研究學者在大麥地岩畫當中似乎找到了想要的答案。研究者收集了近千個圖畫符號，從這些圖畫符號中發現了圖畫文字與符號相混合使用的古文字，即圖畫文字向符號文字過渡階段的文字。

這種早期岩畫文字的象形性與漢字中的象形文字非常接近，因此，有關專家推斷它是古漢字的前身，應該屬於早於甲骨文字的原始漢字。研究者將這類圖畫符號命名為「岩畫文字」，他們的依據主要有兩點：

第一：這些「文字」不是隨意刻上去的，是有感而發，已經被作者賦予了表意的內涵。

第二：「岩畫文字」由兩個以上的象形符號組成，有了文字的空間結構，基本上做到了象形字、會意字、指事字結合構成文字的要素。

蘊含太極文化的太極星象村

中國浙江省武義縣有個被人們稱為「太極村」的小村莊。這座小村莊三面環山，一條彎彎的峽谷坐落在村子的南面，一條呈S型的溪流從村中央穿流而過。正是這條小溪，構成了村莊「太極兩儀」的形狀。

人們不禁要問，這座村莊到底是誰建造的呢？據當地人說，這個「太極村」的佈局由明代開國功臣劉伯溫設計建造的。有些人以為這不過是傳說而已，未必可信，但是根據當地的一戶俞姓人家的家譜記載，此事確為實事。

俞姓人家的高祖俞淶與劉伯溫是同窗好友，劉伯溫經常來到這裡與好友聊天。劉伯溫上知天文，下知地理，在俞淶的邀請下，劉伯溫便對這座村莊進行了一番改造，把它依太極八卦，並輔以星象佈局，建造成了現在這個佈局。

村莊的建築都展現著星象和太極的微妙。人們發現，在這個村子共有28幢最具代表性的明代古建築，這與二十八宿分佈相對應；村子四周有8座山頭，加上村中央的溪流構成天體黃道十二宮，而村內的7口池塘則構成七星的意象，七星呈北斗狀分佈。而俞家的宗祠正好位於天罡北斗的「鬥」內。

除了建築之外，在這座籠罩著濃重太極文化的村莊之中，巷道、門窗、生活用品處處都展現出星象和太極文化。

其實，不管是劉伯温設計的還是誰建造的，都顯示了古人追求太平生活的美好願望，為後代的子子孫孫帶來更多的靈氣。

「木美人」畫像之謎

在中國廣東省新會區博物館的展廳裡，陳列著一幅非常名貴的油畫——「木美人」。這幅油畫畫在兩塊木門板上，畫面是兩個與真人一般大小的西洋美女，身高160公分，穿低領漢式襟衣，梳著高聳的髮髻，這對「木美人」都是鵝蛋臉，高鼻樑、凹眼窩，有明顯的西洋人特徵。

這對「木美人」原本是新會縣（1992年撤縣設市，2002年撤市設區）司前鎮天等村的物品，後來，村人把它們捐獻給新會縣博物館。從李氏族譜記載中可以看到，關於這對「木美人」還有一個美麗的神話傳說。

明朝洪武年間（1368—1398），在福建省莆田縣住著一位無兒無女的老人，他在路邊開了一間簡陋的酒坊，以賣酒為生。因老人熱情好客，誠實厚道，不少路過的客人都喜歡到他這裡歇腳，這其中就包括一個道人。隨著逐漸的熟悉，道人看老人無依無靠，非常同情，就在老人擱酒埕的門板上畫了兩個美人像，然後把老人叫到身邊說：「老人家，我要離開這裡到很遠的地方去，就把這對美人像送給你吧，你每日用竹葉蘸水酒灑在畫像上，七日後，就會有奇蹟出現。」

道人走後，老人遵照他的囑咐，每天都用竹葉沾上水

酒灑在畫像上，到了第七天的清晨，從這副門板上竟然走出兩位與畫中一模一樣的美人來。從那以後，這兩位美人白天就幫助老人操勞家務，晚上則返回畫中，老人也把她們當作自己的親生女兒看待。

不久，這件事情傳到知縣的耳中，受貪念趨勢，知縣派人把老人的畫像門板搶回縣衙。但任其千呼萬喚，美人就是不走出畫像。後來知縣因為貪贓枉法被關入大牢，這幅畫則被縣教諭李仕升所得。

不久，縣衙失火，屋內的物品全部被點燃，但烈焰燒至「木美人」畫像時馬上停止，大火過後，其他物品都化為灰燼，唯有這對「木美人」畫只受煙火輕微熏烤，基本完好無損。後來李仕升退歸故里，也將「木美人」門板帶回家鄉（現新會市司前鎮），供奉在天后廟中。

李氏族譜中的記載雖然帶有神話成分，但這對「木美人」門板油畫仍然留下了許多未解的謎團。有關專家經過研究證明，它們是明朝之物，距今至少有500多年歷史，比公認的西洋油畫傳入中國的時間早100年。但是它們是何人何時所作？為什麼畫中的西洋女子會穿漢代服裝？油畫曾被煙火熏烤，為何能倖免於火災？至今仍是謎。

大足石刻探秘

1945年4月，幾位在重慶躲避戰亂的中國歷史學家馬恒、顧頡剛、楊家落來到四川境內進行田野調查。一天，他們來到了一個被稱為大佛灣的地方，當他們走進一座石窟時，一尊尊裸露在外，與山崖連成一片的雕像突然呈現在他們面前，這就是後來被列入世界文化遺產名錄的「大足石刻」中的一部分。

大足地區的險峻山崖上保存著絕無僅有的系列石刻。那麼，這些惟妙惟肖的雕像是什麼時候雕刻的呢？從史料記載中可以得知，現存大足石刻作品中，最早的雕刻於西元650年（初唐永徽元年），在尖山子摩崖造像，其後的200多年間僅新開鑿聖水寺摩崖造像一處。而且這兩處的雕像總數也只有20龕。

西元880年，唐朝的首都長安被叛軍佔領，導致大批優秀的畫師和石刻工匠跟隨唐熙宗李儇流亡四川。四川盆地自古以來就是中國較為富足的地區，當時的大足是四川東部的政治、軍事和文化中心，而唐熙宗的這次政治避難，就為石窟藝術在長江流域的崛起，提供了契機。

西元892年（唐景福元年），靜南軍節度使韋君靖，在縣城北龍崗山（今北山）首先鑿造佛像。此後，州、

縣官吏和當地富商、百姓、僧尼等相繼效法，直到西元907～965年間（五代十國時期），營造佛像的風氣仍然不斷，這就形成了大足石刻史上第一個造像高潮。

西元965～1077年間（北宋乾德至熙寧年間），摩崖造像處於停滯狀態，直到西元1078～1173年（北宋後期的元豐至南宋初期的紹興、乾道年間），大足石刻造像才掀起第二個高潮。從西元1082年（元豐五年）大莊園主嚴遜開鑿石篆山釋、道、儒「三教」造像區開始，縣境內摩崖造像此起彼伏，先後開鑿出佛教、道教和「三教」造像區共32處。

西元1174～1252年的70幾年間（南宋淳熙至淳佑年間），當時被稱為「六代祖師傳密印」的大足僧人趙智鳳四處募化，鑿造佛像近萬尊，建成了中國佛教密宗史上獨一無二的一座大型石窟道場，這也使大足石刻雕像達到鼎盛。

從西元892～1252年的360年間（晚唐景福至南宋淳祐年間），大足先後建成佛教、道教和「三教」造像區34處，造像數量占大足石刻總數的80%左右。

西元13世紀末葉南宋晚期，因為戰亂不斷，導致石刻造像中斷，直到15世紀末明代永樂年間，摩崖造像之風才逐漸復甦，一直延續到晚清。西元15世紀初至19世紀末（明、清兩代）的500年間共有摩崖造像39處，其中雖不乏佳品，但多為小型造像區，雕像數量也不到如今大

足石刻雕像總數的20%。

　　看過大足石刻的人一定會發現寶頂山西面的崖壁上，至今還有幾尊未完成的雕像。這是因為中國古代北方草原的蒙古大軍打到了長江流域，造像的工匠為躲避戰亂，四散奔逃。大足造像活動由此轉入蕭條。那些還未完成的雕像，究竟還隱藏著怎樣的審美之筆，這已經成為無法破解的謎團。

秦代的「高速公路」

提起萬里長城、兵馬俑，幾乎無人不知，但是要說起一條2200前的高速公路——「秦直道」，恐怕就鮮有人知了。

秦直道，指的是秦始皇為了抵禦北方匈奴的進攻，修築的一條軍事交通大道，用現代的語言來解釋，它就是秦朝時期修建的「高速公路」。

西元前212年，秦始皇命令大將蒙恬、扶蘇率30萬大軍，耗時兩年半時間在山脊上修築從咸陽雲陽林光宮（今淳化縣梁五帝村）為起點，北至九原郡（今內蒙古包頭市西南孟家灣村）的「直道」，這條「直道」全長700多公里，一路「塹山堙谷，直通之」，路寬30公尺至40公尺不等，最寬處約60公尺，直道坡度平緩。針對於這條2000多年前的古蹟，人們也提出了許多疑問。

首先，秦直道在修建時必然會遇到一些特殊河流，這些河流的兩岸陡直挺拔，並非堵塞、填墊所能解決，架橋也就成了唯一的途徑。那麼，在2000多年前，修建一座跨度在100公尺以上的大橋，究竟選取什麼方式與材料來進行？

其次，秦直道從咸陽一直延伸到當時匈奴人的居住

區，也就是說，它的行進路線勢必要經過秦人並不十分熟悉的鄂爾多斯高原。這裡丘陵綿延、溝壑縱橫，那麼2000多年前的秦人，是如何在兩年半的時間內，掌握了如此精確的北方的方位概念以及如此豐富的地理學、地貌學知識呢？

最後，2009年5月，考古人員在對位於陝西富縣的秦直道進行首次大規模考古挖掘時，意外地在2000年前的路面遺存中發現了3個兒童腳印，還有一些男人與婦女的腳印，那麼這些腳印又是從何而來呢？

揭開地動儀的千年之謎

　　兩漢時期是中國歷史上的災害群發期之一，尤其是地震災害，幾乎每隔一兩年就會發生一次。東漢科學家張衡就生活在這樣一個天災不斷的年代，因為自己親身體驗了多次地震，所以他下決心要掌握全國地震動態，經過長年研究，他終於在西元132年發明了人類歷史上的第一架測定地震的儀器——地動儀。

　　但是，在西元133和134年兩次成功測震之後，地動儀便退出了歷史舞臺，因為這個科學儀器已經成為那個時代的不祥之物，沒有人希望它再次測出地震。地動儀就像流星一樣，只留下了短暫的光輝後便悄無聲息了，它的外觀和原理也就長期成為人們心中的謎團。為了彌補這一個歷史遺憾，有人開始聯合研究地動儀新的復原模型。

　　關於地動儀的歷史資料，最著名的是《後漢書·張衡傳》中的記載，雖然僅有196個字，但早期的復原工作都是據此開展的。後來研究人員將資料的考證和利用擴大到《續漢書》、《後漢紀》等古代文獻，雖然相關文獻的總字數也不過231個，卻也使研究人員復原的史料根據變得更加充分。

　　透過嚴謹的科學研究，研究人員最終認定地動儀的工

作原理應該是「懸垂擺原理」，也就是說，地動儀是利用了一根懸掛柱體的慣性來驗震的，而不是歷史教科書上所說的在儀器底部簡單地豎立一根直立杆，因此，研究人員根據這一結論製作了新的地動儀模型。

地動儀復原模型是按照史料重新設計的，它以出土的漢代酒樽為基本造型，上部是穹隆的頂蓋，飾以青龍、白虎、朱雀、玄武四神的圖案；下部呈直筒狀，四周有八個立雕的龍頭，器壁刻有漢代的紋飾；底部的八個蟾蜍作為儀器的支點，背內面外，向上張口，承接龍口吐出的銅丸，這種新的設計更加接近漢代風格，也更接近史料中對地動儀的描述。

2005年4月16日，這一科研成果得到了各地震學和考古學專家的認可。專家們一致認為：這台復原地動儀首次把概念模型還原成了科學儀器，使之真正具備了驗震功能。

2000多年前的「防火衣」

自從西漢的張賽打通西域後，中原和西域的物資交換就變得非常頻繁，在西域輸入中原的大量物品中，就有一種耐火的火烷布。據史料記載，東漢桓帝時，大將軍梁冀曾經得到過一件「寶衣」。一天，他穿上這件寶衣，在家中宴請許多朋友喝酒。席間，他假意失手，使這件「寶衣」上灑了許多油跡，朋友們見了都覺得非常可惜。梁冀假裝生氣，把衣服脫下來放到烈火中去燒，誰知過了一會兒，當他從烈火中取出「寶衣」給眾人看時，不但沒被火燒毀，反而油蹟也消失了，「寶衣」顯得更加光彩奪目。其實，這就是一件用火院布做成的衣服。

但是，隨著漢王室土崩瓦解，中原與西域的交通也就完全斷絕，因此人們在很長一段時間裡都沒有再看到過這種神奇的布了。

到了曹魏時期，有關火烷布的神奇故事還在流傳著，但是文帝曹丕卻認為世界上根本不存在這種布，人們是在妖言惑眾，他甚至還把這種推斷寫在了他的《典論》中。等到他的兒子曹睿即位後，就命人把《典論》刻在石頭上，並且立在太廟門外和太學之中。

西元239年2月的一天，此時曹睿的兒子曹芳剛即

位，西域的使者帶著大量的貢品來向這位新登基的天子祝賀，貢品中就有一塊火浣布。當使者親自把這塊布放進火中，為曹芳展示了它的神奇之處後，曹芳這才相信火浣布的存在，於是他不得不命人將曹丕《典論》中有關火浣布不存在的斷言刮削乾淨。

由此可見，火浣布的確存在，那麼它究竟是用什麼材料製成的呢？關於它的材料人們眾說紛紜：一種說法認為，在西域的昆侖山地區有座火焰山，火焰山上生長的草木動物都耐火燒，用這些草木皮、鳥獸毛做成的布就能夠抗火；另一種說法認為，西域地區生活著一種老鼠，重100多斤，毛長2尺多，而且細如髮絲，用這種老鼠的毛紡織成的布，能夠達到防火的作用；還有一種說法認為，在西域有個名為斯調的國家，那裡多有火州，火州上的野火在每年的春夏之季都會自己燃燒，秋冬時節就會自行熄滅。火州上生長著一種特殊的樹木，在春夏之季隨火生而生，在秋冬時節隨火滅而枯，人們在秋冬時採集這種樹皮紡織成布，就可以製成火浣布。

罕見的西漢「電鍋」

2007年10月21日，中國四川省大邑縣晉原鎮紅光社區統建安置房的工地上，正在這裡施工的工人發現了像砂鍋一樣的鐵器，感覺這個鐵器很可能是文物的工人，立刻打電話給文管所。

文管所的工作人員到達後，立刻對這個高28公分，口徑32公分，腹徑45公分，寬口折圓、鼓腹、平底，重25公斤的鐵器進行了鑒定，認定它是西漢時期的鐵釜，但是與一般的鐵釜不同的是，在這個鐵釜鐵皮裡面竟然還包著一層陶製內膽。

文管所的工作人員表示，這個內膽用來保護所煮東西的清潔，與我們現在用的電鍋是一樣的。而且這樣的「雙層廚具」也見證了西漢時期成都冶煉技術已十分精湛，鐵製品已廣泛運用於人們的生產生活之中，這對研究西漢時期鐵器的發展和四川人民的生活有著十分重要的作用。

隨後，考古人員對鐵釜出土地進行了進一步的挖掘。他們驚喜地發現，這裡竟然埋藏著三朝古墓，而且距2007年9月份發現的漢墓群只相距400公尺。考古人員初步判斷，這裡共有40多處古墓群，其中漢墓有10處、宋墓6座、明墓4座，還有兩座古窯。而從古墓群出土文物

可以初步推斷，這個地方是春秋戰國墓、秦墓、漢墓較為
集中之處。這對研究秦漢時期川西平原人民的生產、生活
提供了珍貴的資料，具有較高的考古價值。

南越王國的千古之謎

　　1983年6月的一天，考古學家在廣州象崗山上發現一座古墓，經過考證，這是一座西漢南越王墓。從那以後，一個塵封千年的古老王國——南越國的祕密被開啟了。

　　南越王宮署主要由南越王宮殿和御花園兩大部分組成，考古學家只挖掘出一號殿的一部分和二號殿的一角，但僅僅就這麼一小部分的挖掘現場，卻也給人們留下了許多謎團。

　　首先是一枚只有一顆核桃大小、質地堅硬、未完成的象牙印章。在這枚印章上有一個頭像，無論從臉形還是髮式上來看，都是一個外國人頭像。中國傳統印章是長方形或正方形，而這枚印章則是橢圓形，這與西方印章的形式相吻合。種種跡象顯示，這是一枚刻給外國人的印章，但這枚印章上面的「老外」到底是哪一國人？當時的廣州外國人的數量有多少？這些謎底仍待揭開。

　　其次，以前在王宮一側挖掘的御花園中，曾發現過一條曲流石渠。它全長約180公尺，由北向南，再向東，注入一彎月形石池後又繼續西流，貫穿整個御花園。從這條水渠的示意圖上人們可以看出：圖的上部分是黃河「几」字形走向圖，圖的下部分也是「几」字形走向的南越王御

花園中的石渠流向圖，只不過前一個「几」字向北，後一個「几」字向南，整體的形狀有著驚人的相似，這種驚人的相似難道真是一種巧合？或許是南越王趙佗當年「覬覦中原」的「野心」所在吧。

再次，位於御花園中東南角的是一個彎月形石池。這個深約1.5公尺的石池出土時，僅存兩列大石板和兩根帶榫的石柱，近池底還發現層疊的龜鱉殘骸。池壁西邊頂上還有三條呈放射式的石地梁，端部各有一口拳頭大的榫眼，形如牛鼻。有的專家經過研究斷定，在這些石板、石柱和牛鼻石之上，會有一個不同凡響的建築覆蓋整個石池，很可能是整個南越王宮署中最具亮點的一個建築造型，那麼，這又會是一個怎麼樣的建築呢？

最後，考古界普遍認為中國古代建築以木結構為主，西方古代建築則是以石結構為主。中國建築在唐宋以後才大量使用石質材料，但是出土的南越王宮殿和以前出土的南越王御花園，都發現了大量的石質材料，整個南越王宮署的石建築的普及程度非常廣，甚至可以用「石頭城」來形容，甚至有的結構與西方古羅馬式建築有著相似之處。那麼，這是否意味著當時南越王國已經引進了西方的建築技術和人才呢？當然，這些猜測都還只是一個謎。

天山上的神祕「臉譜」

2008年8月的一天，古人員正在溝壑縱橫的天山上進行第三次文物普查。在西天山的一處高山牧場中，他們意外地發現了10多張雕刻在巨大冰川漂礫石上的奇怪「臉譜」。

刻有「臉譜」的巨大冰川漂礫石高3公尺，寬3.5公尺，背面呈灰黑色，正西面因為受到冰川的磨蝕而深凹下去，形成一個巨大的天然「神龕」，龕內呈白色。那些誇張的「臉譜」就刻畫在白色的凹陷內壁上，每個面孔的直徑大約在20公分至30公分之間，都是大圓臉、招風耳、闊嘴，圓眼空洞地望著前方……有些「臉譜」還明顯刻有誇張的頭飾和髮飾，與中國貴州的儺戲面具十分相似。

考古人員認為，這應該是一處薩滿教的祭祀遺址，巨石上的人臉很有可能是薩滿巫師作法時佩戴的面具。也就是說，在西元前後，生活在當地的族群在巫師的帶領下登上高地祈神。作法時，巫師和追隨者都戴著面具起舞，作法結束後，有人就把將這些具有特殊意義的面具雕刻在這塊巨大的冰川漂礫石上。

沒過多久，考古人員在溫泉縣一處連綿低矮的山丘岩畫群中又發現了一些神祕的「臉譜」。其中一塊近似長方

形獨立的巨石上，鑿刻著兩張呈上下排列的圓臉、闊嘴的「臉譜」；另一塊約3平方公尺的黑色岩面上，則刻滿用深窩、圓孔代表眼、口、鼻的「臉譜」，並且在「臉譜」下方的岩石上還刻著一個托舉太陽的人。

　　考古人員認為，透過對這些「臉譜」的解讀，有助於進一步揭示整個北疆地區草原遊牧民族的文化內涵，瞭解和研究古代遊牧民族的社會生活、精神生活，以及原始宗教信仰。

比甲骨文歷史更悠久的文字

以安陽甲骨文為代表的殷墟的發現，曾被認為是20世紀最重要的考古發現，殷墟甲骨文也被認為是「中國發現的最早的文字」，並且使中國與以紙草、泥板、石板為文字載體的古埃及、古巴比倫和古印度並列世界文明古國。但是，2004年在中國山東省昌樂縣發現的一種神祕骨刻圖案引起考古界的關注，經過有關專家研究顯示，這種文字可能要比殷墟甲骨文早1000年左右。

2004年的一天，中國山東省昌樂縣一位收藏愛好者肖廣德在龍山文化遺址上搜集文物時，偶然從當地農民翻過的土地裡找到一塊牛肩胛骨。當他把這塊牛肩胛骨帶回家清洗後，意外發現骨上竟刻有圖案，這一發現讓他驚喜不已。於是從2004年到2007年3年間，先後數次來到昌樂縣袁家莊等龍山文化遺址，搜集帶有圖案的獸骨多達100多塊。

2007年7月，肖廣德帶著7塊獸骨找到了山東大學美術考古研究所所長劉鳳君教授，憑藉多年的專業研究鑒定經驗，劉鳳君意識到這批資料非常重要，於是他邀請各方專家來昌樂對獸骨進行鑒定。

2008年7月30日，在觀看了大量的骨刻文字照片和實

物之後，專家們進行了一次較深入的座談研討會，與會專家一致同意教授的鑒定意見，認為這批文字是比安陽甲骨文更早的一種原始文字。專家們研究認為，這批骨刻文字主要出土在昌樂古遺址，又被昌樂愛好者收藏，因此應該暫定名為「昌樂骨刻文」。

　　雖然目前尚不能破譯獸骨上的圖案，但這個發現對研究中國古文字的演變過程，復原當時的社會形態，提供了寶貴的佐證。

羅馬人用處女守護聖火

厄比妮亞是古羅馬負責守護威斯塔神殿聖火的聖女，與她一起執行守護人物的還有5個聖女。這些聖女都是處女之身。她們居住在神殿附近的神院裡，每天面對聖火祈禱，以此來紀念史前時代每一次生火的艱難。

古羅馬對守護聖火的她們要求特別嚴格，除了生病以外，她們不准離開神殿和神院，

每天每名處女至少值勤8小時，負責保持神殿內聖火長燃不滅。除了守護聖火，她們還必須到聖泉去取水，為公眾祈福以及烹製祭禮儀式上用的祭品。這些都是她們不可推卸的職責。

除了這些日常職責外，守護聖火的處女在慶祝農作物收成的節日上還要承擔更多的宗教任務，另外，她們還必須參加生育祭禮。

在古羅馬，這些守護聖火的處女被認為是聖潔無垢的，正因為這樣，她們還受命保管條約、遺囑、珍寶和其他重要文件。透過這種委以重任的方式，羅馬人藉此來表達他們對這些處女的敬意。

對於不能履行自己職責，尤其是失去了處女之身的聖女，古羅馬對她們的處罰非常嚴厲，近乎到可怕的程度。

如果她們怠忽職守，比如任由聖火熄滅，她們會受到祭司長鞭笞的懲罰，對不貞潔的聖女則處以活埋。

　　不過失去處女之身的聖女並不多，她們堅持維護著自己的聖潔。據有關考古學家統計，因失貞而被活埋的守護聖火的處女，在長達1000年的歷史中不到20人。

11顆石頭軍士頭像

　　相傳在遠古時代，在茫茫密林叢莽之中，生活著一個創造了高度文明的部落——拉文塔族。這個部族的人過著富裕而又極為歡樂的無憂生活。他們的居住地美似仙境，被稱為「人間天堂」。

　　「人間天堂」內宮殿廳堂林立，廟宇眾多，結構複雜，建築佈局和諧，在牆壁和天花板上有大理石鑲嵌的精美雕刻，四周的壁畫都是用黃金和珠寶鑲嵌而成，金碧輝煌，蔚為壯觀。

　　在這個「天堂」裡，許多宏大的公共建築都是用巨大的金塊所砌成，可謂光彩奪目。部族首領戴的帽子和衣袍上也裝飾著黃金，甚至連馬鞍、拴馬樁、狗項圈等也都是用黃金製成的。

　　這是流傳在墨西哥民間的古老傳說，關於這個神祕部族的傳說還有許許多多。相傳在1000多年前，在一次大的洪水災難後，這個富裕、文明的部族突然消失得無影無蹤了。這成了墨西哥歷史最令人不解的千古謎團。拉文塔到底去了哪裡？許多歷史學家和考古學家都在試圖透過自己的努力解答這個問題。

　　1938年，有人在據說是拉文塔族當年居住過的原始

森林裡，發現了11顆全由玄武岩雕刻而成的石頭。這11顆石頭大小不一，最大的高16公尺，最小的高約6公尺，最重的一個個約有20噸。這些石頭「素面朝天」，只有一顆石頭上刻有許多奇形怪狀的象形文字，這些文字至今沒有人能解讀其中的含義。

考古學家發現，這11顆石頭的樣子都是威武的軍士頭像，雕工細膩，面部表情刻畫生動，顯示當時在雕刻方面具有很高的藝術造詣。研究者將這些石頭命名為「拉文塔頭像」。科學家認為，這些石頭人像很可能都是遠古拉文塔人留下的作品。

在距今約1萬年至5000年前，在墨西哥這片土地上，便已經出現了較高的文明。西元前2000年左右，墨西哥進入原始公社的繁榮時期，各個部落過著定居的農業生活，並產生了原始宗教。這一時期的古人大量製作陶器、泥俑等，並能紡紗和計算天文，數噸或幾十噸的整塊巨石雕鑿而成的石刻頭像也陸續出現。

雖然石頭像的出現有科學的歷史發展依據，但是人們還是不禁要問：古人為什麼要雕刻這11顆碩大的石頭像？這些石像有什麼用途？拉文塔人的目的是什麼？為什麼只雕刻頭部，而不是全身？對這些問題，至今史學界仍無法作出準確的解釋。

令考古學家更為不解的是，本地並不產雕刻這11顆石頭所用的玄武岩，只有300多公里之外的地方才有，而

若是從那麼遠的地方搬運石料，以當時的生產條件而言這是件不可能完成的任務。他們是用什麼方法把重達數十噸的整塊巨石，刻成的石像搬運進原始森林裡的呢？至今仍是不解之謎。

神奇的水晶起搏器

古代的埃及人在非洲大陸上創造了燦爛的文明，也留給後世許多未解之謎，例如金字塔、獅身人面像等。而在盧索伊城郊外出土的一具木乃伊又將一個謎團留給了人們，因為在他的體內，竟然裝有一個奇特的心臟起搏器。

一天，在埃及盧索伊城郊外，人們將一具剛出土的木乃伊抬出墓穴，準備將它交給國家文物部門收藏。這時，一名參與挖掘工作的祭司突然聽到木乃伊體內發出一種奇特的、有節律的聲音，而這個聲音的來源竟然是木乃伊的心臟部位，就彷彿是木乃伊的心臟仍在跳動一樣。

難道是這具木乃伊的心臟還在跳動？這個理由自然不能夠令人信服。祭司懷疑是有什麼有害的東西藏在木乃伊體內，便馬上組織人將這具木乃伊原封不動地運到開羅醫院。

接到這具轉送來的木乃伊後，開羅醫院立刻組織了一些經驗豐富的專家其進行了解剖檢查。在木乃伊心臟的附近，醫生們發現了一個起搏器，他們能夠很清楚地聽到起搏器促使心臟跳動的聲音，而且這個跳動很有規律，每分鐘大約跳動80下。

這個能在2000多年後仍然跳動的黑色起搏器引起了

醫生們的極大興趣，他們利用先進的儀器對其進行測試，發現這個起搏器是用一塊含有放射性物質的黑色水晶製造的。雖然那個已經存在了2000多年的心臟早已乾枯，但它仍然跟隨起搏器的頻律跳動，始終沒有改變。

開羅醫院隨後將這一重大發現公佈於眾，並將這個起搏器重新安放到木乃伊體內，讓人們前來參觀。這一驚人的消息不僅吸引了許多考古學家，而且大批的電子學家也對其產生了興趣，他們從世界各地紛紛趕到開羅醫院，對這具身藏心臟起搏器的木乃伊進行參觀、探究。

在人們對這個神祕的起搏器歎為觀止的同時，也有人提出了許多疑問。這個黑色的水晶來自何方？作為協助心臟工作的心臟起搏器，只有在人活著的時候才能被安放到人體內，但是古埃及醫學不發達，當時的人們又是如何將這種先進的起搏器放入到人的胸腔裡去的呢？這些疑問的確都是一些難解的謎團。

金字塔的傳說與離奇死亡現象

埃及古夫金字塔建於西元前2560年，塔高146.5公尺，因年久風化，頂端剝落10公尺，現高136.5公尺。這座金字塔又稱為大金字塔，舉世聞名。大金字塔的塔身是用230萬塊石料堆砌而成，大小不等的石料重達1.5噸至160噸，塔的總重量約為684萬噸，這座金字塔的規模是埃及迄今為止發現的108座金字塔中最大的。

古埃及人相信死後永生，所以這座金字塔建成後的作用便是陵墓。這座金字塔內堆滿了各種財寶和貴重的物品，人們對於古夫的這座金字塔有著諸多猜測。

其中最著名的應該是所謂的金字塔九奇：用塔高的2倍除去塔的底面積，算出來的資料正好是等於圓周率3.14159；生鏽的首飾被放置於塔內，會發現過一段時間以後，首飾鏽斑全無，變得十分光亮。

而古夫金字塔也好像一個天然的冷藏櫃，將肉、蛋和鮮奶等食品長時間貯存於塔內，不會出現變質的現象，就像冰箱一樣。而用在塔裡放過的水洗傷口，傷口也會很快痊癒，比用藥還要管用。用那些水澆灌樹木，樹木會格外茁壯，用這樣的水洗臉，會有返老還童的功效。

一些科學家曾在塔內長時間居住，都產生一種奇異的

感覺，體內似乎增加了某種新力量，這讓人們無法解釋。而另外的一個神奇現象就是「咒語效應」。在圖坦卡門墓（墓主叫圖坦卡門，年齡約17-18歲，有金面罩、寶石、純鐵護身枕等物隨葬，屍體用錫片套起保護、用金棺下葬）前有一個陶瓷碑，碑上有如下咒語：「對那些擾亂法老安寧的人，在他頭上，死神將展翅降臨」。而在主墓室中一尊神像背面有另一行字：「作為圖坦卡門陵墓的保衛者，我用沙漠之火驅逐盜墓賊」。

一開始人們不信，但隨著後來一批批開墓者、研究者、考古者，甚至贊助商都相繼而死之後，人們開始懼怕這個咒語。但為何世上會有咒語一說，人們無法做出解釋，只能作出各種猜測。有人認為，這種「咒語效應」是由於金字塔所處的地理位置具有量圈效應所致，也有人認為其實是金字塔裡的機關導致的，還有人說是一種毒藥，更有人認為那是外星的力量。種種猜測也正是金字塔的神祕性所在。這些非正常死亡的現象，專家們無法作出科學的解釋。

除在金字塔中考古而死亡之處，進入金字塔的參觀者還會感到莫名的恐慌。《法老的咒語》作者范登堡訴說他曾親眼目睹的一件事，那是1972年，他最後一次去參觀古夫金字塔。在古夫墓室的入口，一位西班牙女士突然大聲尖叫起來，倒在門檻上，不能動彈。人們把她抬離入口後，她的痙攣現象頓時消失。範登堡問她當時什麼感覺，

她說，好像遭到什麼打擊。一位埃及導遊在一旁告訴他說，這種「打擊」不止一次地發生。

這說明金字塔內部確有類似閃電般的一股能量產生。金字塔內為什麼會有這種現象發生，人們進行了各方面的猜測和解釋，其中開羅大學生物系教授紮丁‧塔哈在1962年11月3日，舉行了一次非同尋常的記者招待會。他宣佈他發現了法老咒語的祕密，那就是病菌傳染說。

塔哈教授對博物館的考古學家和工作人員進行身體檢查，他發現不少人感染了一種細菌，致使呼吸系統發炎。在記者招待會上，塔哈教授介紹了一些危險的傳染病菌。有一種細菌在木乃伊內、墓穴和金字塔裡生存了三、四千年之久。

所以，塔哈宣佈說：「這個發現徹底地破除了所謂一些古墓挖掘者因咒語而死的迷信，他們是在工作中得病去世的。如果有人還相信法老咒語有什麼超自然的力量，那純粹是神話故事而已。」

塔哈最後表示，他一定會繼續研究下去，直到找出真正的、根本的原因為止，但可惜在那次招待會後不久，他在從開羅到蘇伊士城的沙漠公路上，遭遇了車禍身亡。這位學者成為了否認法老咒語的犧牲者。

到底法老和金字塔之間有著什麼神祕的力量，就只有依靠人們不斷的探索去尋找了。

古埃及浮雕出現直升機圖案

　　古埃及因為高度的文明而一直是考古學家的研究對象。這個古老的文明古國至今還存在著許多無法解釋的謎團，最奇怪的一點，例如3000多年前的古埃及浮雕上，竟然有先進的飛機、潛艇等圖案出現。

　　這些不規則的圖案，似乎在預示著後世的發展，但也有可能是當地人記載見聞的方法。對此，科學家無法下定論。

　　1979年，英籍考古學家韋斯在埃及東北部一片荒蕪沙漠中，發現一座古廟遺址。開始他以為是一座廢棄的廟宇，但當他看到廟宇內的壁畫時，卻在其中一處浮雕壁畫中，發現一個奇怪現象：他在裡面看到了與現代直升機、潛艇形狀極其相似的浮雕，以及一系列類似飛行物的物體。這些貌似現代直升機、潛艇的圖案怎麼會出現在3000多年前的古埃及？

　　古埃及的廟宇除了有祈福用途外，還是具有政治色彩的地方。但這些圖案能解釋什麼呢？人們不得而知。但研究UFO的學者卻一直相信，遠古的高度文明是由外星人傳來的，那些圖案也是外星人留下的。

　　類似的説法，在阿特蘭提斯與馬雅文明中都不絕於

耳。但古埃及人是否曾經接觸過外星人，獲得過外星能量的幫助，人們無法下定論，但學者們認為，如果古埃及真的接觸過外星文明的話，以這個國家高度注重歷史與教育的程度來說，他們不會不把這些記錄在相關的資料裡的。

根據科學的研究，在這個廟宇發現的浮雕中，有至少三至四個飛行物與現代飛機形狀極為相似。飛機是在19世紀才發明的，但為何卻在3000多年前的古埃及壁畫中出現，古埃及人是如何想出這種模型並畫出來的？科學家至今對此都摸不著頭緒。

雖然科學家們對古埃及文明的研究不遺餘力，但因為能力有限，他們無法判斷出那些圖案是真的飛機模型，還僅僅只是古埃及人用來記載某一件事或表達某一種意思而已。

因為，從今天的角度來看，那些類似飛機的圖案，在3000多年前的埃及，也許僅僅是一種事物的表達方式而已，或者是一種語言，這一切不過是一個巧合罷了。然而這一切的謎團，還是有待於以後研究解決。

自由移動的棺木

我們都知道，埋葬於地下的棺木，如果沒有遇到外力的作用，它是不可能自行移動的。但是，在位於大西洋中部的西印度群島中，有一個名叫巴巴多斯的小島上，這個定律卻被打破了。

介斯家族是島上頗負名望的家族，這一點從教會墓園中就能夠看出來。介斯家族在那裡建有一座長3.6公尺、寬1.8公尺的堅固墓室，墓室的入口是一扇用大理石鑿成的門，整座墓穴看起來就像一座城牆堅固的要塞堡壘。

1807年7月31日，這座墓穴裡安葬了第一個死者，她是一位名叫葛達德的婦女。第二年的2月22日，一個名叫梅阿莉的幼女也被安葬在這裡。

轉眼間四年過去了，1812年7月6日，當送葬人再次打開墓穴，準備將一位死者的棺木抬進墓穴時卻驚恐地發現，原先安置在墓穴中的葛達德夫人與瑪梅阿莉的棺木，竟然都離開了原來的位置，朝著牆壁傾斜，就好像被拋落一樣。

在短暫的恐慌之後，介斯家族的人開始感到憤怒，他們認為這是有人在暗中搗亂。為了預防類似的騷擾行為再次發生，介斯家族的人將原來的兩具棺木擺回原位，安葬

了新的入葬者後，就在大門上加了最嚴密的封印。

四年後的一天，也就是1816年9月25日，已經封印很久的大理石門再次被打開。這一次要埋葬的是一位名叫艾姆斯的10個月大的小孩。當人們打開石門，步入墓穴之後，立刻倒抽一口冷氣，一個個變得呆若木雞，因為那些原本排列得整整齊齊的棺材，竟然又全部離開了自己的位置，橫七豎八地擱置在墓室內。

在驚恐之餘，人們突然想到一個問題，那就是剛才他們都已經看到，墓穴唯一的出入口，大理石墓門上的封印完整如初，那麼搬動棺木的人是怎樣穿過這道加了封印的大理石墓門的呢？最後又是怎樣離開了這封閉著的墓穴的呢？種種迷團困擾著介斯家族的人，他們不得不再次將散亂的棺木重新擺回原處，並在大理石門上加了更嚴密的封印，然後頭也不回地逃離了墓園，就好像後面有怪物在追趕他們一樣。

1819年的7月16日，克拉克夫人的棺木將被安放進介斯家的墓穴，島上的居民們奔相走告這個消息。沒過多久，整個墓園的空地上就擠滿了人群，因為所有人都想證實一下，這次墓穴中的棺木是否還會再次移動。

身兼行政官的英達遜牧師首先走向那扇大理石門，然後掏出放大鏡仔細地檢查了門上的封印，證實它與自己上次加封時的一模一樣後，才讓工人們開啟墓門。

走進墓穴後，恐怖的一幕再次呈現在人們眼前，除了

葛達德夫人的棺木仍然保持原狀外，其他的棺材都改變了位置，有的橫在通道口，有的斜靠在墓壁上。看到這一情景，所有人的脊背上都升起一陣寒氣，整個墓場變得死寂。

就在人們對介斯家族棺木移動感到迷惑不解時，1844年，人們在波羅的海埃澤爾島上的一個小城鎮上，又發現了同樣的怪墓。在鎮上，住著一戶名叫巴庫斯霍廷的人家，當他們在準備安葬死去的親人時，發現了墓室裡原有的十幾副棺材都離開了原來的位置。

棺木自行移動這一怪異的現象，已經吸引了不少科學家的注意，他們試圖揭開其中的原因，但到至今為止仍是一個未解之謎。

澳洲原始洞穴中的神祕手印

　　在很長一段時間，人們普遍認為，大洋洲開始出現有人類活動的歷史不過只有1萬年左右，但是隨著考古學家的不斷發現和研究，證明這個結論是錯誤的。自1990年以來的考古發現顯示，在5萬年以前，澳洲就已經有人類在此定居。最早的藝術作品也已有2萬年的歷史。

　　這些最早的藝術作品跟歐洲舊石器時代的岩畫一樣，多數出現在原始洞穴中。這些岩畫很多是抽象化的迴旋鏢（土著人的狩獵工具）或其他軍事武器的簡化符號，但是引起考古學家更多注意的是各種各樣的手印。

　　澳洲的遠古人類崇信各種各樣的圖騰，尤其是中部地區的土著居民。在他們的部落中，盛行一種貯存祖先靈魂的靈牌，這種靈牌被稱為「珠靈牌」。它用木板或石板製成，外型為橢圓形或長卵形。

　　在這些土著居民眼中，「珠靈牌」不僅是祖先留存下來的精神實體，還包含了尚未誕生的靈魂·不論男人、女人、老人、小孩，每個人都有一塊「珠靈牌」。土著居民相信，死者的特性會附在「珠靈牌」上，傳給其擁有者。如果擁有者丟失了「珠靈牌」，將被視作他人生最大的不幸。

　　因為這個原因，「珠靈牌」被看作是每個人生命中最神聖的東西。當他們用「珠靈牌」舉行完某種宗教儀式後，都要在洞穴的入口處留下每個「珠靈牌」擁有者的手印。而當有人死去時，舉行葬禮的人會將他的左手在洞穴中留下手印記。至於為什麼要這麼做？在洞穴內留下手印與「珠靈牌」之間有什麼聯繫，科學家到現在為止還沒有找出一個令所有人都認同的答案。目前，較為人們認同的解釋主要有以下幾個觀點。

　　1、留下手印的人，在向祖先訴說「我在這裡」。

　　2、他們之所以在岩壁上印上手印，僅僅是出於遊戲的本能，為了好玩。

　　3、證明生命的存在，表示對某種部落活動的參與。

　　4、被認為是史前人類的一種「自殘」行為。

　　5、手印的目的在於想和「母神」取得聯繫，是一種求子行為。

　　6、是一種巫術的表現形式，以祈求能獲取豐厚的食物。

　　雖然有關手印原因的爭論此起彼伏，但由於資料不足，每個觀點都很難有明確的證據來加以佐證。這種爭論或許還會一直持續下去，直到人們找到答案的那一天。

墨西哥聖城的「可怕墓葬」

　　西元1～7世紀建造的「聖城」特奧蒂瓦坎，以幾何形排列的建築遺址及其龐大規模聞名於世，這是印第安文明的重要遺址，在墨西哥被稱為「眾神降生的地方」。這個地方於1987年，被聯合國教科文組織列入《世界遺產名錄》。而「聖城」最獨特的要算是它的「太陽金字塔」和「月亮金字塔」。在墨西哥人看來，這兩座金字塔如同國寶一樣讓他們驕傲。簡直可以與埃及的金字塔相提並論了，不亞於中國的萬里長城。

　　自然的，這兩座金字塔也跟埃及金字塔一樣，有著許多撲朔迷離的傳說和未解之謎。首先便是特奧蒂瓦坎城的雄偉壯麗，就連最兇殘的人看到，也會不由得心生敬畏。不過這座繁華的城市，在13世紀阿茲特克人進攻墨西哥中部時，就已被它的神祕建造者遺棄多時了。根據信仰，阿茲特克人將遺址中最壯觀的建築稱為「太陽金字塔」和「月亮金字塔」。由於是陵墓，主要大街被稱為「亡靈大道」。事實證明，阿茲特克人的命名準得出奇。由墨西哥國家人類學暨歷史研究院的魯文・卡夫雷拉・卡斯楚和日本愛知縣立大學的杉山三郎率領的考古隊，曾在「月亮金字塔」挖掘出一批既豐富又可怕的墓葬。

後人們組成考古隊前去探查，在刮去最後一層泥土後，一具具身首異處的屍骸，有外族武士和權貴；也有肉食性哺乳動物、猛禽類；以及可致人於死地的爬蟲類屍體出現在眼前，彷彿當年的屠殺景象重現一般，讓人不寒而慄。考古證據顯示，所有受害者都是在金字塔各個建造階段的獻祭儀式中被殺死的。例如一個很有可能是戰俘的受傷外族雙手反綁，顯然是遭到活埋，他的四周圍繞著代表神力和武力的動物，都是關在籠子裡被活埋的。

但讓人奇怪的是，這座城市為何在西元600年時突然被毀滅，大部分居民紛紛逃難，到底是什麼讓這座城市變成了殘垣斷壁。

除了這個問題，這座古城特殊而精準的佈局也讓科學家們困惑。整座城市以中央大道——「亡靈大道」為中心，呈現嚴謹的格狀結構，然而這條主街並非真正呈南北向，而是向南偏離了15.5度。這一點讓學者困惑不已，多年來也產生各種不同的解釋。

在20世紀的70年代早期，美國科蓋特大學天文學家兼考古學家安東尼‧亞凡尼提出，亡靈大道以西90度的一個點，是二十八宿之一的昴宿星團在特奧蒂瓦坎被發現時落下的位置，而這個星團與古中美洲曆法有關聯。這也許和古城的毀滅有著某種關聯。

而退休的美國達特茅斯學院教授文森‧梅爾史東聲稱，亡靈大道以西90度的點所標示的，是太陽每年兩次

(4月30日與8月13日)從「太陽金字塔」正對面落下的地點。而8月13日就是古馬雅人所認為的「世界初始日」。

　　總之，關於特奧蒂瓦坎創建者以特殊方式制定方位的原因，令人們查找不到原因，也無法解開這個城市的謎團。

阿茲提克人的活人獻祭

　　西元1519年，遠征墨西哥的一支西班牙軍隊，踏進了阿茲提克印第安人的首都泰諾赤提特蘭城中的休齊洛波特裡神廟。這支疲憊的軍隊原本想在這座神廟裡做短暫的休整，但是神廟裡散發出的惡臭卻讓這些見慣了血腥場面的人感到害怕。

　　他們發現，這座神廟簡直就是一座屠宰場，神廟內的牆壁一片黝黑，盡是凝結的人血。他們親眼看到裡面有個祭祀一連宰殺了三個人。後來他們瞭解了這是當地人的一種宗教習俗，當地人需要宰殺很多人來為神廟獻祭。在接下來的五天時間裡，他們又目睹了大量的人被宰殺然後當成祭品供奉在神廟裡。在其中一個士兵的日記裡，他詳細記述了當時的可怕場景，他估計，那五天至少有8000人被宰殺。

　　為什麼阿茲提克人要殺那樣多同胞呢？這個問題不僅困擾著當時西班牙遠征軍，也同樣困擾著當代的科學家。自20世紀的80年代以來，歷史學家和人類學家普遍認同了這樣一個觀點：殺戮純為宗教方面的需要。

　　考古研究發現，阿茲提克人信仰太陽神。在阿茲提克人看來，每天夕陽西下時，太陽神就要死去。如果要確保

第二天太陽照常升起，照耀世界，就必須以人血作祭。正因為這樣，殺人獻祭幾乎每天都在進行。

科學家們透過對阿茲提克人所作的圖畫研究，驚奇地發現，阿茲提克人奉獻給太陽神的只是人的心臟，頭顱則被割下來，擺放在神廟的顱架上，其餘部分則被拋棄荒野。當然，也有部分研究者對宗教獻祭這一說法提出了質疑。透過對15世紀中美洲人口的研究，這些研究者得出結論：阿茲提克人的人口增加速度比糧食增產更快，所以殺人獻祭可能是控制人口的間接方法。這種說法雖然沒有被廣泛接受，但也為人們提供了一個全新的思路來看待「殺人獻祭」這一個習俗。

與此相對的是頗有影響力的「食人說」，這是美國社會學家哈納提出的說法。他認為阿茲提克人殺人祭神後還把屍身吃掉。他的這一說法來自西班牙征服者的記錄。在這些記錄中，大篇幅地提到了當地人的食人風俗。在所食的人當中，以吃俘虜的肉最為普遍。阿茲提克人認為，吃了別人的肉會獲得受害者的若干特性，因此戰士只喜歡吃其他戰士的肉。

為什麼阿茲提克人有食人的風俗？哈納研究發現，這種現象的存在，可能與阿茲提克人想要補充大量蛋白質以加強營養，增強體質有關。當時墨西哥缺乏肉類，較大的野獸多數已經絕種好幾百年，中美洲以北的民族可獵取馴鹿和美洲野牛以獲取肉食，但是墨西哥並沒有這些動物。

不知從何而來的納斯卡地畫

1939年6月12日，美國人考索克率領一支考古隊來到秘魯南部的納斯卡高原，他們風餐露宿、披星戴月地進行考古挖掘工作，然而卻一無所獲。

考古工作艱難的進行著，到最後，他們甚至連維持生命的水源都找不到。正當他們萬念俱滅時，一名考古隊員意外地發現覆蓋著紅褐色碎石的地表下面有一條人工挖成的溝，這一項發現讓考古隊員們感到異常興奮。他們一邊沿溝而行，一邊在地圖上標記下溝的方位與形狀。沒過多久，溝的形狀與方點陣圖完成了。令人驚奇的是，這居然是一隻啄部突出的巨鷹圖，鷹尾與一條長約1.7公里的筆直的溝相連。

這一項發現，震驚了全世界的考古學界，考古學家們陸續來到納斯卡高原。在這裡，他們不僅發現了更多的直線條和弧線圖案，而且在沙漠地面上和相鄰的山坡上，他們還驚奇地發現了巨大的動物形體，例如一隻45公尺長的亞馬遜河蜘蛛，一隻大約300公尺的蜂鳥……

科學家們經過研究，普遍認為納斯卡地畫不是自然形成的，而是人工創作的，並且很可能是出自創造了納斯卡文化的印第安人之手，理由是巨畫的圖像和納斯卡地區出

土的陶器碎片上的圖案十分相似。這時，人們不禁會產生一個疑問，納斯卡地畫非常巨大，人們在地面上根本無法識別，需要搭飛機在空中才能看到全貌。但是這些線條是在一、兩千年前創造的，那時的人們根本不可能掌握現代飛行技術。那麼，在根本看不到全貌的情況下，古代的印第安人又是怎樣設計、製造出這些巨大的直線、弧線以及那些動物圖案來的呢？

另外，有人發現，當他們清早登上鄰近山崗遙望，這些原來只能在高空俯看到的巨畫，在朝陽照射下就會清晰地呈現出來，但等到太陽升到頭頂時，它們又會消失在荒涼的山谷裡，這又意味著什麼呢？而且納斯卡高原圖形中所描繪的動物除了兀鷹之外，幾乎沒有一種是產於當地的，例如：亞馬遜河蜘蛛、鯨和蜂鳥等。在這片荒漠之中，描繪出如此龐大、如此精確而又並不產於當地的動物圖形，對於當地的印第安人來說，他們又是如何做到的呢？關於納斯卡地畫的種種疑問，還有待科學家進行進一步的破解。

西半球最古老的太陽觀測設施

　　位於秘魯沿海沙漠地帶的一座矮山山頂上，有13座高度約1.8公尺到6.1公尺不等，間距4.7公尺到5.1公尺的石塔，它們排列成一條300多公尺長的弧線，靜靜地聳立在山頂上。

　　這13座石塔又被稱為「昌克羅十三塔」，自從19世紀人們發現它們以後，眾多考古學家就對它們的用途困惑不已。

　　剛開始，因為每座石塔南北各有一條樓梯通往塔頂，石塔四周又有防禦工事，考古學家曾猜測這些塔可能是堡壘、神殿或祭祀中心。但是在研究石塔周圍軍事設施後，秘魯國家文化研究所考古負責人伊萬‧蓋齊對其用途產生了新的想法，為論證自己的觀點，蓋齊花費數年時間與英國考古天文學權威克萊夫‧拉格爾斯取得聯繫，並且一同開始進行新的研究，在對實地做過多次測量後，他們最終認定「昌克羅十三塔」是西元前300年到前200年建成的太陽觀測設施，這也就意味著，石塔的建造者比印加人更早開始觀測太陽，並舉行相關儀式。

　　他們把這一研究成果以論文的形式發表在2007年3月2日出版的美國《科學》雜誌上，在論文中，蓋齊表示：

「石塔保存較好，拐角大多倒塌，不過遺存部分足夠看出原貌。石塔沿地平線而建，南北方向排列，每座塔東西兩側都有觀測點，能記錄太陽的上升和下降弧度，由此得出的太陽曆可以精確到幾天之內。」

蓋齊的合作者拉格爾斯曾在論文中表示：「事實上，從各塔東西兩個觀測點看去，這些塔剛好覆蓋太陽升降的運動弧度。這給我們清晰提示，即它們是專門用來便利人們觀察太陽升落的。」

但是，對於誰是「昌克羅十三塔」的建造者，蓋齊並不能給出正確的說法，他只能證明它們應該比印加人還要早上一百年。

流淚的聖母像

　　1953年的春天，一幅小聖母像被當成禮物，來到了剛結婚居住在義大利的安吉羅夫婦手中。這幅小聖母像並不是價值連城的寶物，只是在價值3美元的石膏掛像，外觀看上去很粗糙。但不管怎樣，朋友送來的禮物總是令人高興的，何況是聖母這樣令人尊敬的人物。安吉羅夫婦都非常高興。

　　結婚沒有多久，安吉羅太太懷孕了，並開始受到懷孕綜合症的困擾，還經常感到頭疼，有時甚至還會陣發性失明。1953年8月29日的這天，病痛再次襲擊了她。她坐在椅子上，痛苦地望著聖母像，希望能得到一絲內心的安定，但是這時她驚奇地發現，聖母的臉上竟然淌著淚水。

　　安吉羅太太嚇呆了，她不敢相信自己的眼睛，以為是因為自己的病痛而出現的幻覺，但是當鎮定以後再細細一看，聖母的確在流著淚水。安吉羅太太尖叫起來，她的叫聲驚動了自己的母親和堂姐。兩人以為她是由於疼痛才歇斯底里發作，於是便去撫慰她。

　　這時候，她們兩人也看到了聖母正在流淚。隨著聖母眼淚不斷地流淌，安吉羅太太的疼痛卻一點點消失了。這讓大家都感到奇怪，難道聖母能夠體會到安吉羅太太的痛

苦？如果不是這樣，為什麼偏偏在她最痛苦的時候流淚呢？

聖母流淚的消息很快傳遍了四面八方，每天都有很多人來到安吉羅夫婦的家去看這幅聖母像。有一位參觀者為了查明真相，把聖母像從牆上取下來。他發現聖母像後邊的牆壁是乾的。他把聖母像從底版上取下，把臉上的淚水擦乾淨，但很快，聖母的眼淚又淌了下來。他對後來採訪的記者這樣描述當時的情境：「那眼淚就像珍珠一般！」

科學家對這個現象也產生了濃厚的興趣，他們對聖母像的眼淚進行了檢測，發現其化學成分與人的淚水極為相似。消息公佈後，引起了人們更大的驚奇。

聖母的淚水有著奇特的功效，如果誰患絕症，只要用浸透淚水的布條擦拭身體，就會痊癒。

為什麼會有這麼神奇的事情？人們至今都無法給出確切的解釋。是巧合還是有某種神祕的力量在支配──真是令人不可思議。世界之大，無奇不有。世上還有很多離奇事件等待著我們去破解。

撲朔迷離的耶穌裹屍布

　　《聖經》記載：耶穌在十字架上被釘死後，屍體無人收殮。幸好有一個叫約瑟的人，用細麻布將耶穌失身裹好，安放在石頭鑿成的墳墓裡。不久，耶穌復活，從墓穴裡走了出來。他的門徒聽到這消息後，紛紛來到墳墓前，但是耶穌已經不在，只有細麻布留在墓中。

　　細麻布的命運如何，聖經裡沒有記載。直到1357年，洶湧而至的朝聖者打破了法國小城Lirey的寧靜，他們的到來，只是為了一睹一件曠世聖物——「耶穌的裹屍布」。這是它近千年來第一次出現在人們的面前。難道它就是《聖經》上所說的「細麻布」？

　　在法國現身後，「裹屍布」又銷聲匿跡了幾百年，直到16世紀初開始，位於義大利西北部城市都靈的約翰大教堂永久收藏了這塊「裹屍布」，世代受著基督教虔誠者的頂禮膜拜和歡喜讚歎。於是「耶穌裹屍布」也常被稱為「都靈裹屍布」。

　　「都靈裹屍布」長4.2公尺，寬1公尺，為亞麻質地，稍微隔開一定距離，就可以清晰地在上面看到一個人的正面與背面的影像。這個影像身高1.8公尺，長髮垂肩，雙手交叉放置於腹部，在頭部、手部、肋部與腳部有清晰的

紅色血漬狀色塊，與《聖經》上所記載的耶穌釘死時的狀態完全吻合。

不過，自「都靈裹屍布」第一次在法國出現以來，一些人對它的真實性便始終抱著懷疑的態度。到了1988年，英國牛津、瑞士蘇黎世和美國亞利桑那州圖森市的三家著名實驗室得出結論，「都靈裹屍布」的所屬年代為西元1260到1390年之間，並不是耶穌的裹屍布，它不過是中世紀騙人的東西，最多也只能稱為「藝術品」。

不過，這三家機構得出的結論並沒有讓人們停止對真假的爭論。一些持「都靈裹屍布」為真品的學者指出，三家實驗室所使用的不過是「都靈裹屍布」的補丁。這些學者認為，在裹屍布上發現補丁並沒有什麼奇怪的，因為它自1357年首次現身法國以來，多次遭遇火災，其中一次火災發生在1532年的一座教堂裡，在這次火災中，裹屍布遭到嚴重損壞，修女們對被火燒出來的洞進行了縫補，將裹屍布縫到了一塊亞麻布上，主要是防止它進一步破損。在這些學者看來，「都靈裹屍布」的主體部分有更久遠的歷史。

英國科學家羅傑斯運用放射性碳鑑定的方法，從裹屍布的各個區域收集了32個布料樣本，包括從一些補丁和亞麻布上取的樣本進行研究。他發現，補丁部分的樣本都不同程度地被染料染過，有棉花的成分，而裹屍布的主要部分則是由純亞麻織成。補丁部分之所以被染，可能是為

了和年代更早的裹屍布中的黑色相匹配。

　　西方的染色技術最早出現在1291的義大利，這樣推算，補丁出現的時間不會早於1291年，這個時間符合1988年實驗室做出的鑒定結果。但是他認為，這塊布事實上有更久遠的歷史。

　　各種説法層出不窮，為「都靈裹屍布」帶來了更多的神祕感。事實的真相到底是什麼？人們希望這一謎團能早日被破解。

印度神奇的不鏽鐵

　　高6.7公尺，直徑約1.37公尺，用熟鐵鑄成，實心，柱頂有著古色古香的裝飾花紋。

　　當看到這些文字的時候，你會想到什麼？你可能會認為這是一個精緻的建築物，或是什麼科學研究設備，也可能只是城市的雕塑品。正確的答案是，這個用鐵鑄成的物品叫做「阿育王鐵柱」。從西元5世紀起，就一直聳立在印度首都新德里南郊庫都布高塔牆內。

　　「阿育王鐵柱」每天吸引著來自世界各地的觀光客，還有科學家們的視線。因為這鐵柱雖在露天經歷了上千年的風吹雨打，卻居然一點也沒生鏽，堪稱世界奇蹟。

　　「阿育王鐵柱」並非在新德里當地鑄造而成，而是在西元5世紀時，被當時的統治者伊斯蘭王朝從印度東部的比哈爾邦邦搬移過來的，傳說是為了紀念旃陀羅王而造。

　　為什麼「阿育王鐵柱」能千年而不腐朽？這個現象讓科學家們感到十分困惑。按照常理，鐵是最容易生鏽的金屬，一般的鑄鐵不用說千年，幾十年就鏽跡斑斑了。即使放在科技發達的今天，對於如何防止鐵器生鏽，人們仍然沒有找到合適的方法，但是為什麼古代印度人能做到這一點？這令所有人都百思不得其解。

更科學家感到更加奇怪的是，如果當時的印度人已經掌握了防止鐵器生鏽的高超技藝，那為什麼沒有冶煉出其他不生鏽的鐵器製品呢？在古印度的典籍中，也沒有任何關於這方面的記載。

難道這根鐵柱是純鐵鑄造不成？從理論上說，純鐵是不生鏽的，但純鐵難以提煉，而且價格昂貴。「阿育王鐵柱」裡含有各種雜質，所以它並不是純鐵。科學家勉強得出了一個解釋：可能是古印度冶煉不鏽鐵器的技術失傳了。如今，「阿育王鐵柱」仍孤零零地聳立在那裡，像個不可理解的物證，在向人類的智慧挑戰。

4000年前哈卡斯怪石上古怪臉孔

在俄羅斯哈卡斯地區，直立著巨大的石雕像，這些石像比大名鼎鼎的太平洋復活節島上的石像早了2000年。

這些巨型石雕是4000多年前居住在俄羅斯哈卡斯的一些部落豎立起來的。這些部落裡到底住著哪些人？他們為什麼要立起這麼巨大的石雕呢？最令人難以想像的是，那些重量有時達50噸的巨大石塊又是怎麼從山上弄下來的？

這些巨型石雕並非千人一面，而是有著各種各樣的形狀，有的呈圓柱形，有的是扁的，有的形狀不規則。雖然形狀各有不同，但是研究者發現，所有的雕像看上去都像是用同一種辦法鑿出來的。他們用類比影像技術重現了當時雕鑿這些石像的場景——石匠挑好石料之後，先將要刻在上面的圖形勾畫一遍，然後鑿出槽，再用堅硬的石頭打磨。不僅白色和灰色的花崗岩，就連褐色砂岩上的圖像都看得一清二楚。

這些石匠雕刻的是普通人還是宗教信仰中的神靈呢？之所以有這樣的疑問，是人們發現，雖然這些石像的表面器官很像人類，但是臉上的條紋卻很奇怪，而且頭頂上還有類似「皇冠」樣的飾物和獸角。

　　民俗學家研究發現，其實這些都是原始民族自我形象的反映。他們頭部的這些裝飾有的是為了嚇走野獸，有的則是一種原始的化妝手段。考古學家們曾在當地古墓殘存的顱骨上發現紅赭石的遺跡。

　　哈卡斯的這些巨型石像，很容易讓人想起北美印第安人的圖騰崇拜石柱。印第安人的圖騰柱代表祖先崇拜，同樣的，哈卡斯的石像顯然也刻的是祖先或氏族的保護人。

　　對於石像的用途，科學家們至今一直沒有定論。有的認為它是墓地的墓石；有的則認為是祭祀設施。當地人稱這些石頭為神像，對它們敬獻供品。

　　今天哈卡斯石像依然受著當地人的尊敬，因為他們認為這些祭石能幫人治病，能除去他們身上的負能和增強他們的生命力。他們還相信，這些巨石像還能為無法生育的夫婦帶來子女，據說還相當靈驗。

神祕的非洲原始岩畫

　　提起撒哈拉沙漠，人們首先會聯想到大地龜裂，人獸終日飽受日曬慘狀。然而，科學家們在經過研究後卻推斷，在撒哈拉地區變成沙漠以前，這裡曾是遍地牛羊、青蔥肥沃的草原。在這裡生活的，主要是舊石器和新石器時代的人們，他們以獵取大型水棲動物為謀生手段，同時也放牧羊群。

　　那麼，科學家是如何得出這個推斷的呢？其主要是從這塊古老大陸的山地、懸崖峭壁上發現的許許多多史前原始岩畫而得出的。

　　這些岩畫最初是由一個到莫三比克觀光旅遊的葡萄牙人旅遊團在1721年發現，在隨後的數十年裡，人們不斷在這塊大陸上發現數以萬計的岩畫。這些岩畫主要畫的是動物，雖然畫得十分粗糙但卻個個栩栩如生，在恩阿哲爾洞中的岩畫上，可以看到奔跑的長頸鹿、羚羊、水牛、駝鳥和兩隻大象聚集。在塔基迪多馬坦的一幅岩石畫上，甚至可以看見牧民們忙碌的情景，一隻水牛拴在小屋前，一隻長角牛正從牧地回來……

　　但是，讓考古學家感到費解的是，在這些古老的岩畫中，卻夾雜著一些非常現代的神祕人像，他們有的身穿精

緻的短上衣，有的戴著頭盔，頭盔上還有兩個可供觀察的小孔，頭盔用一種按鈕與服裝連接，這與現代的太空裝非常相似。而在1918年發現的，被命名為「布蘭德山的白貴婦」的岩畫更是讓考古學家感到頭疼。著名考古學家艾貝·希留爾經過鑑定後，曾宣佈它是七千多年前的真品，但是在岩畫上除了幾個幾乎裸體的土著黑人之外，竟然還出現了一位現代打扮的白人女郎，這個女郎身穿短袖套衫和緊身褲，腳登吊襪帶和靴子，髮型與現代女郎完全相似，頭髮上、手臂上、腿上和腰部都裝飾著珍珠。

納米比亞位於非洲大陸西南部，這裡世世代代只有黑人居住，白色人種的歐洲人只在16世紀才經葡萄牙到達這裡。那麼，畫上的白人貴婦怎麼在七千多年前來到這？而且，納米比亞的許多土著黑人直到今日還衣著很少，既然如此，遠古時代的非洲西南部黑人又是怎麼超越時空，準確無誤地畫出幾千年後另一個種族的人物形象及服飾的呢？種種謎團至今仍然令人費解！

古代的核戰爭和核爆炸

1920年，一座大約建於5000年前的古代印度大都市遺跡——摩漢喬‧達羅，被發現於印度河流域，在這個遺跡中，有著很多讓考古學家百思不解的謎團，但最讓他們感到迷惑的，就是從遺跡上層部分挖掘出的人骨群。

人都會經歷死亡，從古代遺跡中挖掘出人骨自然也是極為正常的事情，可是，在摩漢喬‧達羅遺跡中發現的人骨沒有被埋葬在墓中，而是「猝死」在房間裡。這些人骨有的臉朝下，有的橫躺，重疊在其他的遺體上，有的遺體用雙手蓋住面部，呈現出保護自己的絕望樣子，還有痛苦地扭曲身軀的遺體。那麼，他們到底遭遇了什麼？讓他們在死亡前保持了這種慘不忍睹的姿勢呢？

印度的考古學家卡哈博士曾對此進行過研究，他發現在9具白骨中，有幾具白骨竟然曾被高溫加熱過。按常理推斷，很可能這一地區曾經發生過火山爆發，但是印度河流域中並沒有火山存在。那麼，是什麼力量能用異常的高溫使摩漢喬‧達羅的居民突然死亡呢？

其實，只要翻開古印度經籍，在摩訶婆羅多的詩歌中就能夠找到答案。有一段描寫一場古代大戰的文字，就記錄了一種攻擊敵兵的特殊武器：

「單獨一顆彈丸就裝滿了宇宙間全部的毀滅力。一柱熾熱的煙霧火焰，像一萬個太陽那般明亮，熠熠沖天而起……它是一種無人知曉的武器，是鋼鐵的雷霆，死神的信使，它使雷希利和安達卡整個種族化為灰燼……他們的肢體燒得面目全非，只有頭髮和指甲掉在一旁，陶器無故地崩碎，飛鳥的羽毛也變成慘白，天黑以後，所有的農作物受到侵襲……」

另外還有一節描述兩具飛彈在空中撞擊的文字：「……兩具武器在半空中撞在一起。地面上所有山嶽，海洋和森林都開始震動，所有動物都被武器爆出的高熱嚴重地燒傷了。天空燃燒起來，地平線上也充滿煙霧……」

從上面這些令人毛骨聳然、膽戰心寒的文字中，我們似乎可以看到熟悉的場景，那就是1945年8月的廣島長崎核子炸彈爆炸時的景象。

其實，遠古史的研究者們一直認為，在遙遠的古代，人類曾經歷過核戰爭，因為在考古過程中能夠看到種種痕跡。如在以色列、伊拉克沙漠及撒哈拉沙漠、戈壁沙漠中都曾發現因高溫而玻璃化的地層；在土耳其卡巴德奇亞遺跡及阿爾及利亞塔亞里遺跡中，也曾發現高熱破壞而形成的奇石群；在西亞的歐庫羅礦山中，曾發現鈾礦石上有發生頗具規模的核子分裂連鎖反應的痕跡。

從發現摩漢喬・達羅遺跡後，許多考古學家都曾到這裡進行考察，希望能尋找到古代核戰爭的痕跡，但都無功

而返。直到現在，摩漢喬・達羅遺跡仍然有許多待解的謎團。發動古代核戰爭的是哪兩個敵對勢力？古代人又是如何擁有核武器技術的？建造摩漢喬・達羅的是什麼人？他們從什麼地方來，又去了哪裡……這些都值得後人繼續研究。

埋葬在摩亨佐‧達羅城內的屍體

隨著哈拉帕和摩亨佐‧達羅古城的發現和挖掘，關於誰是印度古代文明的主人的答案終於漸漸浮出檯面，是黑色皮膚的土著居民——達羅毗荼人創造了印度古代燦爛的文明，而不是入侵的雅利安人。

印度河流域不愧是世界文明的發祥地之一。摩亨佐‧達羅和哈拉帕兩座古城屬於印度河流域中規模最大、最為宏偉的城市建築。它們的建築形式大致相同，周長均在3英里以上。其中摩亨佐‧達羅占地達260公頃，由衛城和下城兩部分組成。

衛城四周建有高聳的塔樓。城內有大浴池、大糧倉、寬敞的會議廳以及其他許多公共建築。除此之外，古城裡還有寬闊的大道、合理配置的小巷、完整的排水系統和精緻的汲水井等。這些都顯示了古達羅毗荼人建造城市時的周密設計，和高度的技術水準。還有城裡遺留的各種農業生產器具和手工業工具；農產品有棉花、麥類、椰棗、瓜果；家畜家禽已廣為馴養，品種有水牛、綿羊、駱駝、狗、馬、雞等；工業品有素陶、彩陶、紗、布、青銅器皿。

當時的達羅毗荼人已掌握了十進位制的計算規則，重

量的基本單位是0.86公斤。一把用貝殼製成的尺的碎片上鐫有精密的刻度；而城裡還發現的船隻顯示，許多商人聚集在城裡經營商業，並且跟海外發生了貿易往來。這些都使得人們相信當時的農業、手工業和商業都已經到了十分發達的地步了。

這些古城中出土的文物中，有許多造型精美的藝術品，例如小雕像、骨刻、繪畫等，其中護身符印章尤多，達2000多枚。令人耳目一新的是印章上的動物形象和文字符號，據統計將近有400個左右，有人形、魚形、腳形、桌形等，雖迄今未能準確辨認，但人們卻有理由判斷，當時的文化藝術水準已經達到很高的程度。

從上面的勘察看來，古代的摩亨佐‧達羅是一座繁榮美麗的城市。同時也說明在西元前2500年左右，印度次大陸地區已經進入了早期的國家階段。這座城市也許是當時統治者的都城。但不知道為什麼，到了西元前18世紀中葉，哈拉帕文化突然衰落了，並遭受到了大量毀滅性的打擊。到處都是屍橫遍野，整座城市成為廢墟，像是死亡之城。有人猜想這是由於城市內部發生劇烈的變革和鬥爭的結果。但是這種設想，似乎缺少令人信服的科學證據。

還有人設想這是由於雅利安人的入侵導致的，但還是沒有找到相關的考古文獻，所以也無法成立。而且人們也無法得知入侵者是從何處進入古城的，後來透過科學家長期的探索和研究，他們終於揭開了古文明衰落的謎底。

　　原來它是被一場大爆炸和大火毀滅的。巨大的爆炸威力不僅使古城半徑1公里內所有建築物被摧毀，而且讓走在街上和待在家裡的人和動物，都遭到了毀滅性的殺戮。原來是自然災害摧毀了這座繁榮而美麗的古代城市。

　　科學家證實，這種巨大的爆炸力來源於大氣中電磁場和宇宙射線的雙重作用。因為空氣中的化學微粒非常活躍，所以導致了氣溶膠的產生，這使得廣闊的空間被迅速佔據，並形成大小不等的球體。這種物理化學性球體有的被稱之為「冷球」，這是一種未曾燃燒的色暗不透明的「黑色閃電」；有的是一種「發亮」的球體，呈現出檸檬黃色或亮白色。這種白色或者黑色的球體，能產生出劇毒物質，使得空氣充滿毒氣，而後又迅速爆炸，這樣古印度文明便被毀於一旦。

　　這個現象在歷史中，並不是第一次發生，在古埃及新王國時期法老圖特摩斯三世時的編年史中，就有關於在22年冬季的第3個月中的一個早晨，空中曾出現一團明亮火球的記載。而古希臘羅馬人也曾多次描述過這種現象。

　　古印度的長篇敘事史詩《摩訶婆羅多》也曾隱約地提到了摩亨佐‧達羅文明被毀一事。詩中描述了「天雷」和「無煙的大火」、「驚天動地的爆炸」、以及高溫使河水沸騰、游魚煮熟的悲慘景象。

　　科學解開了這一個歷史的千古之謎。但謎底是否真的如此，卻還是需要人們進一步探索的。

PART 3

古蹟名勝中的
特異現象

明十三陵中的「無字碑」

明十三陵位於中國北京昌平縣北天壽山，山下有明朝十三位皇帝的陵墓，合稱明十三陵。十三陵是個懷古之地，美景和遺跡自然不少，但最讓人稱奇的卻是除了長陵外，所有陵門前的石碑上都空無一字。一種説法認為，皇帝功德太大，無法用言詞表達，乾脆不寫了。另一種説法是明太祖朱元璋曾有聖諭，説皇陵碑記，都是一些儒臣粉飾之詞，不足以為後世子孫敬戒。

明太祖朱元璋作為明朝的開國皇帝，同時也是個嗜殺的皇帝，許多忠臣良將都死於他手。他對自己的得失心中也有些明瞭，便希望給子孫們留一個經驗教訓。據説他在某天對身邊的大臣們説：「皇陵碑記都是大臣們的粉飾之文，不能教育後代子孫。」其言外之意，就是希望在自己身後能有個較為公正的説法。

如此一來，翰林院的學士們就不敢再寫皇帝的碑文了，他們明白或臧或否都不對，因此就以太祖的「名訓」做擋箭牌，把寫碑文的任務推給了嗣皇帝。因此，孝陵(太祖)碑文是明成祖朱棣撰寫的，而長陵(成祖)的碑文則是明仁宗朱高熾寫的。太祖的陵墓遠在南京紫金山，故十三陵裡只有長陵有碑文。長陵石碑，正面刻有「大明長

陵神功神德碑」字樣，下面刻有兒子明宗親自題寫，為朱棣歌功頌德的3000多字的碑文。

　　既然十三陵中的第一陵有碑文，為何接下來的其他陵的石碑上卻又沒有碑文呢？據史料記載，明十三陵從第二陵開始後的六陵，開始都沒立碑，這六塊碑是嘉靖年間用6年時間做成補立的。做成之後，按祖訓應由當朝皇帝為其撰寫碑文，但嘉靖皇帝沉迷於聲色，對此根本不感興趣，直到他去世也沒寫出一篇來，所以這六塊碑就成了無字碑。以後的皇帝看到祖宗碑上沒有碑文，再立碑時也就空下來不寫了。

祭奠在山洞裡的懸棺

懸棺葬式是一種處置死者屍骨的特殊方式，是崖葬的一種，在中國主要分佈於古代南方少數民族地區。在懸崖上鑿數孔，並釘以木樁，然後把棺木放在上面；或者將棺木一頭放在崖穴中，另一頭架於絕壁所釘木樁上。這樣，人在崖下可見棺木，故得此名。

生活在福建周寧、福鼎、柘榮、屏南等地區的佘族同胞中流傳著一個關於懸棺葬由來的傳說：上古時，佘族的始祖盤瓠王與高辛帝的三公主成親，生下了三男一女，全家遷居鳳凰山狩獵務農。

因盤瓠王是星宿降世，生不落地，死不落土。所以他去世後，兒孫們就用車輪和繩索把棺木置於鳳凰山懸崖峭壁的岩洞中。其後代代沿襲，形成了古代佘族人的懸棺葬習俗。佘族的「佘」字，古時寫成「輋」字，其中就包含了這個故事的意思：在鳳凰山，有位大人物去世後，用車輪把棺木懸掛在峭壁岩洞中安葬。

這種富有深厚文化涵容的懸棺葬式，卻存在著許多令今人無法解釋的困惑之處。比如，令人「難捉摸」的問題就是：遠古時代的人們究竟是用什麼辦法把裝有屍體和隨葬物品、重達數百公斤的棺木送進高高的崖洞裡去呢？

　　最早對這個問題提出解釋的大概是梁陳間顧野王（519～581），「懸棺」一詞，就出自他「地仙之宅，半崖有懸棺數千」（《太平御覽》卷47引）一語。神仙有騰雲駕霧的本領，懸空置棺當然就不會有什麼困難，因此把武夷山中擱置懸棺的崖洞稱為「地仙之宅」，意思是神仙的墓葬之處。後人猜測認為，「雲是仙人葬骨」之處（《太平寰宇記》），因此，武夷山的一些洞穴也就有了升真洞、仙機洞、換骨岩之類的美稱。

　　《稽神記》中就有這樣的記載：「建州武夷山，或風雨之夕，聞人馬簫管之聲，及明，則有棺槨在懸崖之上。」神仙本就是幻想中的產物，而傳為長生不死的神仙居然也會像凡人一樣死去，更令人匪夷所思。但這些說法的流傳，至少說明古人覺得如果沒有神仙出手，僅靠常人的力量，是難以實現凌空懸案這種奇特葬法的。

　　唐代張鷟的《朝野僉載》中，曾記古人在臨江高山半山腰間開鑿石穴安葬死者的情形，所用的辦法，是從山頂上放繩索把棺木吊下來。1978年，福建省博物館就以這種方法，用轆轤自山頂放下鋼繩，從武夷山白岩洞取下一具完整的船棺。1989年，上海同濟大學及江西等地的專家與美國加州大學聖地牙哥分校的美國學者合作，在江西貴溪仙岩運用絞車、滑輪等機械裝置，把一具重約一百五十公斤的「棺材」，吊進了一個離上清河水面約二十多公尺的懸崖洞中。新聞媒體和有關學術刊物曾競相

報導並發表論文，認為此舉「重現了二千多年前古人吊裝懸棺的壯觀場面」，進而解開了「中國懸棺」這個千古之謎。

其實這兩者的提舉技術並無本質上的差別，只是操作方案有所不同。今人所實踐的吊置棺木之法，並不能解決古人在置放懸棺過程中的所有細節問題，例如，怎樣在崖壁上鑿孔並打入木樁？怎樣才能把棺木勾拉到預定的位置上？其困難之大超出現代人的想像。況且，三千年前的古人怎麼可能擁有能用來吊起數百公斤重量的鋼繩呢？有論者就指出，由於脫離了距離現在千百年的時代，和華南行懸棺葬民族的社會歷史背景，這些有關古人採用與絞車、滑輪類似的提舉技術的說法，並沒有足夠有力證據來支持，所以現在就說已經解開了這個千古之謎，有些為時尚早。

有人則認為懸棺葬正是落土葬習俗自然發展的結果，也就是說，它與新石器時代的土葬墓有密切關係。當時，中國的土葬墓遍及全國，包括文獻記載的懸棺葬地區和考古發現的懸棺葬地區。青海樂都柳灣馬廠類型墓葬的用木棍封門，和齊家文化墓葬的獨木舟式棺材，都說明中國早在新石器時代晚期，就已經出現了洞室墓和獨木舟船棺的萌芽。懸棺岩洞墓的出現，實質上是把深入地下的洞室及其棺木抬升到高岩洞的變化。

另有一種觀點認為，從懸棺葬遺存的分佈狀況看，它

們幾乎都處在臨江面水的懸崖絕壁上，表現出行懸棺葬的民族「水行山處」的特點；而葬具形式則以船形棺和整木挖鑿的獨木舟式棺材為主。如果再結合置棺方式、葬制和葬式等各種情況進行綜合分析，懸棺葬習俗是原始宗教中在鬼魂崇拜的基礎之上發展起來的對祖先崇拜觀念的反映。

　　這些民族習於水上生活，並以善於造船和用船著稱，他們篤信，祖先死後，鬼魂雖然去了人鬼相隔的另一個世界，但並未離開生前所依山傍水的地理環境，而是仍將與自己家人及後代長久地生活廝守，並保佑他們繁榮興旺。

　　因此，船形棺或獨木舟式的棺具之主要涵義，並非如有些人認為的那樣是普渡靈魂回歸故鄉或駛向彼岸世界，而是為了滿足祖先在幽冥中的生活需要；至於將棺木高置於懸崖絕壁，則是為了盡可能地避免人獸或其他因素對屍骸的傷害，如此才能保證祖先的靈魂得到永久的安息，並得到其在冥冥之中的賜福和保佑。

神祕的禹王碑

　　2007年7月，在中國湖南省福田鋪鄉雲峰村七組發現了一塊神祕巨石。有關專家經過實地考古鑒定後，證實這塊巨石的形狀、大小、所處位置、以及周邊的環境都與史料吻合，初步認定這就是失蹤千年的禹王碑母本。禹王碑是中國最古老的名刻，為大禹治水功德碑。在文物保護界，禹王碑與黃帝陵、炎帝陵同為中華三大瑰寶。

　　早在20世紀的80年代至90年代初，在衡山縣福田鋪鄉雲峰村七組也發現了一塊疑似禹王碑的巨石。該石重約十多噸，有一兩虯相交的不規整平面，中微凹，面上有不規整的紋飾，明顯可見人工鑿痕。此地位於祝融峰右側，右有紫蓋峰，左有雲密峰，兩峰之間有一隴，上有隱真寺、隱真坪，下有雲峰寺（文革被毀）、禹王橋、禹溪。

雷峰塔地宮內的千古祕密

雷峰塔原名皇妃塔，古人更多地稱之為「黃妃塔」北宋太平興國二年（977）由吳越國王錢俶於在西湖南岸夕照山上建造的佛塔，因為塔建於西湖南岸夕照山的雷峰之上，所以民間以地名指稱，稱之為雷峰塔，反而少有人知道黃妃塔的。

雷峰指的是夕照山的中峰。北宋詩人林和靖有《中峰詩》雲：「中峰一徑分，盤折上幽雲，夕照前村見，秋濤隔嶺聞」，可見當時這裡就已經是賞景取樂的好去處。至於雷峰之名的由來，據《淳祐臨安志》所載，是因舊有郡人雷就築庵所居而來。

也有考證認為，中峰又稱回峰，回峰之回字舊作雷，後人以形致誤，錯作雷峰。毛希齡《西河詩話》說：「南屏山前回峰，以山勢回抱得名。……宋有道士徐立之築室塔旁，世稱回峰先生。此明可驗者。」後人將雷峰塔景致列為西湖十景之一，稱「雷峰夕照」，實在是一語雙關，韻味無窮。

雷峰塔比起其他的古塔來，所遭厄運更多。在元朝的時候，它還曾經是一派「千尺浮圖兀倚空」的雄壯之態，而明崇禎時的一張西湖古畫中，雷峰塔已是塔頂殘毀，老

樹婆娑了。嘉靖年間（1522－1566），倭寇侵入杭州，放了一把火，把雷峰塔的塔簷、平座、欄杆、塔頂全部燒光，只留下了磚體塔身。詩人們也就以「雷峰殘塔紫煙中，潦倒斜暉似醉翁」、「保俶如美人，雷峰如老衲」的詩句、文辭來描寫它。

後來一些無知的人因為迷信，常常從塔磚上磨取粉末、挖取磚塊，說是可以用來治病或安胎，他們甚至把磚塊說成是可醫治百病的靈丹妙藥。還有人從塔內挖尋經卷，企圖發財。

到1924年8月，由於塔腳已被挖空，再加上其他的破壞原因，這古塔轟然崩塌。人們在清理殘基時，在磚孔內發現了經卷，它開頭寫著「天下兵馬大元帥吳越王錢弘俶造。此經八萬四千卷，舍入西關磚塔，永充供奉，乙亥八月。」由此證實了這塔的修成於錢弘俶吳越八年、北宋開寶八年（975年），也就是吳越國的最後一年。

2001年3月11日開始挖掘雷峰塔千年地宮，洞口就位於塔心部位，距塔首層地面2.6公尺，洞口四周都是高達數公尺的塔身殘體。地宮體積不大，長約0.5公尺、寬約0.5公尺，深度據探測，約1公尺。地宮口用一塊方型石板密封，石板上則壓著一塊據稱重達750公斤的巨石。地宮內擺放著包括蓮花座青銅佛像，和可能裝有佛螺髻髮的鐵函在內的60件珍貴文物和數千枚「開元通寶」古錢幣。

其中，有高達50公分，重達100多公斤的鐵質舍利

函，也有一座鎏金銀質，塔高35公分精美的四角金塗塔。這座鎏金塔放在神祕鐵函內，底座為方形，邊長為12.6公分。塔上有水鏽，四面飾有佛祖故事題材的淺浮雕。透過塔四周的鏤空部分，可以看到塔內藏有佛螺髻髮的金質容器。塔的下方是一個鎏金的銀盒，盒蓋上飾有繁縟纖細的雙鳳纏牡丹紋樣，四周等距分佈著「千秋萬歲」四個楷字。銀盒旁繞著一條皮腰帶，上面還鑲嵌有12件十分精美的銀質飾品。

峨眉「佛光」

　　佛光，是峨眉山舉世聞名的四大奇觀——日出、雲海、佛光和聖燈中最奇特的一種自然現象。這種現象在其他地方極為罕見，但在峨眉山卻經常出現，一年中平均會出現60多次，多的時候一年甚至出現80多次，因此人們又把它稱之為「峨眉寶光」。

　　遊客如果站在峨眉山金頂背向太陽而立，而前下方又恰好是一片雲霧彌漫時，也許就有幸能在前下方的天幕上看到一個外紅內紫的彩色光環。光環的中間顯現出觀者的身影，且影隨人動，人去環空。即使兩人擁抱在一起，每個人也只能看到各自的身影。這就是四川峨眉山神奇的「佛光」現象。但是，這種「佛光」究竟是如何形成的呢？佛家認為，佛光是從佛的眉宇間放射出的救世之光，吉祥之光，因此與佛有緣的人才能看到此光。清代康熙皇帝還特地題寫「玉毫光」三字，賜予佛光常現的金頂華藏寺。千百年來，「峨眉寶光」馳名古今中外，佛教的渲染使其更富有傳奇色彩和神祕感，吸引著無數的好奇者。許多人都試圖對神祕的「佛光」做出科學解釋。

　　佛光作為一種自然現象引起中外科學界的重視和專題研究，是近百年來的事情。有學者認為，佛光是日光在傳

189

播過程中，經過障礙物的邊緣或空隙間產生的展衍現象，即透過衍射作用而形成的。雲層較厚時，日光在射透雲層後會受到雲層深處的水滴或冰晶的反射。這種反射在穿過雲霧表面時，就會在微小的水滴邊緣產生的衍射現象，有一部分光束會偏離原來的放射方向，於是不同的單色光就逐漸擴散開來，因此在人們的眼前出現了一個彩色的光環。那麼，為什麼會形成環形的光反應，而且與同樣形成環的彩虹又不一樣呢？這是由於只有位於某個「光錐」面的單色光，才能為人的肉眼所觀察到，而且自己所站的位置，即「光錐」的視夾角大約為9度，而彩虹的視夾角達84度。同時，光在衍射時，光波越短，它所偏離的角度就越大，所以佛光色彩的層次分佈，一般呈紫色在外，紅色在內，並且色彩的能辨程度離中心部位越近，就越弱，而光環中心就像一面發光的彩色玻璃鏡。此外，由於衍射和漫反射的複雜作用，佛光的色相往往不像彩虹那樣清晰分明，而是像水彩畫那樣濕潤地融合在一起。

只能看到自己的身影又是為什麼呢？主要原因在於：雖然雲層中的水滴和冰晶點很多，但人們各自所見的光環，只是各自眼睛所視為頂點的那個光錐面的水滴或冰晶點的作用的結果。就如同各自對照著一面小圓鏡，自然照見的也就是各自的身影了。至於出現影隨人動，人去環空的景象，則是佛光中「攝身光」的原理，至今尚無科學解釋，還需要進一步的研究才能明白。

岩壁潑水現字

在中國北京密雲區的石城鎮紅星村附近有一座石崖，不過只有幾平方公尺，看起來和北方的其他石崖並無多大不同。但如果把這片石崖用水淋濕，奇蹟就出現了：一行行豎排的大寫的數字和漢字逐漸顯現出來，水乾了之後，漢字就隨之消失了。有些漢字能清晰地辨認出來，是大寫的「六十」、「七十」、「九十」、「一百」、「王」等，每個字高為3公分，寬2公分，呈藍黑色。

聽老一輩人的人說，很久以前就已經有這片怪崖漢字了。那麼，這一潑水現字的現象是如何發生的呢？研究人員認為，人為的因素很大。原因首先在於這些字是列排序的，其次數字較多。根據山崖前有金礦洞口和建過山神廟這兩條線索推斷，山崖上的漢字極有可能是在晚清時候留下的墨蹟，是人們記錄下的人工費或功德錢，而非自然形成。

而為何只有潑水才能顯字呢？經研究發現，這主要跟當地的岩石成分有關。當地山崖為變質岩，墨蹟寫上去之後，會向內滲透。經過上百年的風化，岩石表面就會形成一層極薄的鈣化膜，而鈣化膜在潑水之後會變得十分透明，所以文字就顯現了出來。

魔鬼是否真的搬運了三巨石

在英國南部索爾茲伯里平原上，有一組巨大石群，充滿了神祕色彩，這就是著名的英國史前巨石柱。經證實，它們來自距離索爾茲伯里平原大約240英里的威爾士地區。古人類是如何將如此龐大的巨石搬運數百英里之外的？莫非這些巨石又是外星人的傑作？科學界對史前巨石柱充滿了諸多疑問。英國廣播公司（BBC）對史前巨石柱的形成之謎做了解釋。

英國的一項研究指出，這些巨石從威爾士到達索爾茲伯里平原，可能是因為冰河時期西威爾士山脈斷裂時，包括巨石在內的地形在史前冰河的牽引下，發生了遷移變化，而並非出於人為。研究人員說，在人力搬運的條件下，最多只能把巨石搬運幾英里距離。

在此之前，科學家猜測，為了建造巨石柱，人類4000多年前就將80多塊巨石搬運到這。2005年，考古學家在離史前巨石柱三英里處，挖掘出銅器時代的「弓箭手」屍體。科學家根據「弓箭手」的陪葬品以及相關歷史考證，認為他生活在西元前2300年，這位地位顯赫的「弓箭手」可能參與了巨石柱的建造過程。

科學家們對這種猜測存有很大的置疑，因為無法解釋

這些巨石是如何搬運的。

地形學專家布賴恩・約翰博士說，早在許多年前，人們就企圖從彭布魯克郡（英國威爾士原郡名）搬運一塊巨石到索爾茲伯里平原。但結果顯示，即使在起重機、繩索和地面上的低磨擦力繩網的協助下，要在粗糙的地形上運送這塊巨石是無法做到的。

大王岩海底王陵

在韓國慶北道月城郡甘浦海的大王岩海底，有一座按帝王的遺囑建造的大王岩海底王陵。這座世界上獨一無二的海底王陵，造於日本天武朝時期。這座王陵的位置一直不明，直到1959年挖掘了為文武王修建的感恩寺遺址才得以發現。

在1967年對東海海上大王岩進行的調查中，發現了利用岩礁的低窪處營造的陵墓(火葬之後的骨灰裝入石棺，沉入海底)。棺的上面覆蓋有巨大的自然石棺蓋(水深1公尺)，海水清澈，一眼就可以看到底。上面覆蓋的巨石更增添了整體上的莊重和神祕感。既然龍是水神，龍宮才是死後靈魂應該去的地方。這種葬式首先就是以這種觀念為前提的。傳說文武王死後埋葬在海上的大岩石中，以後每夜化為龍來感恩寺以鎮壓東海的倭寇，因而推測這裡就是龍穴遺址。這次調查，確認了金堂地基的特殊建築形式。

文武王生前的勢力極大，因而棺內可能會有數量巨大的財寶作為隨葬品。對此，各國的史學家們處於研究的角度十分關心，即使是一般人也夢想能夠得到這些財寶。

音樂洞和音樂泉為何會發出樂聲

在美國夏威夷群島的哈那累伊沙灘上，有一片長達800多公尺、高達18公尺的沙丘。當人們踩在沙灘上時，腳下就會發出悅耳的音樂。如果用兩手抓起一把沙子用力摩擦，手中的沙子也會發出奇妙的聲音。科學家說，這是因為這裡的沙子被海水和雨水打濕後，在水分的不斷蒸發中產生振動，因此沙子表面的空氣薄層發出了節奏不一的音樂。

在墨西哥的索那拉州，有座既無人煙，又不長樹的山。若在山石上敲擊，懂音樂的人就能聽出音階，並且可以演奏出美妙的音樂。這座山所能發出的樂聲種類，比一個交響樂隊的還複雜。更為奇妙的是，它還能在自然風的作用下，演奏出奇妙的音樂。地質學家推斷這是座死火山，山上到處是裂縫，因此當人們敲擊它或是有狂風吹進這些洞穴裂縫時，才會發出各種不同的樂聲。

在委內瑞拉東部有條音樂河，它常常會演奏出優美動聽、音律變化萬千的音樂。科學家經考察後得知，這條河流被許多岩石洞中的奇岩阻隔，分成了無數條涓涓細流，然後穿出將近300公尺的奇岩層。細流穿出各種岩層時，由於澗縫寬窄不一，水流急緩不同，因此發出了各種奇異

的聲響。

在非洲突尼斯的臨猶萊山上，有個音樂泉，人們能在泉旁聽到曲調豐富、富於變化的樂曲。有關專家考察後發現，在音樂泉的出水處，擋著一塊千孔百洞的空心岩石，泉水流到那裡後被分離成無數條細流，而這些具有噴射力的細流在衝擊空心岩壁時就奏出了樂曲。

在埃及的特本城有根門柱，每當太陽初升時，就會發出樂聲，如同風琴一樣。科學家們說，這是一種熱脹冷縮的物理現象。該門柱年代久遠，中間有許多大大小小的空洞。夜晚溫度下降，空洞中潛藏的空氣就會收縮，而等到早上太陽突然照曬過來時，空洞中的空氣受熱迅速膨脹，並從柱上的小縫隙向外擁擠，由此就發出了旋律不一的樂聲。

宏偉壯麗的「空中之城」

恐龍滅絕了，長毛象消失了，牠們留下了化石；印加人搬家了，他們留下一座空城——馬丘比丘，一座被廢棄了近一個世紀卻依然雄偉壯麗的「空中之城」。

為尋找這座傳說中的「消失了的城市」，美國探索家海瑞姆・賓漢姆及其探險隊於1911年6月24日來到了波濤洶湧的聖河——烏魯班巴河峽谷，他們在雲霧繚繞的山頂上發現了這座神祕的古城。在綿延的安第斯山脈中，考古學家們陸陸續續地挖掘出許多印加帝國的遺跡，證明印加人確實是拋棄了他們美麗的家園，在荒蕪的山地中再建他們理想的國度。

古城位於印加帝國首都庫斯科以北118公里處，三面環河，一面依傍著白雪皚皚的薩而坎太山，地勢極為險峻。名字取自它所在的山峰，字面意思是「老山峰」。

城中的建築帶有濃厚的宗教色彩，凡是磨製光滑、對縫嚴整的建築均為神廟。每座神廟都配備著三扇窗，縫隙之間沒有任何黏合物黏接，卻連最鋒利的刀片也無法插入。牆上的每一塊石頭都被巧妙地像拼圖一樣連接起來，與其他的印加遺址的風格大不相同。

「神聖廣場」位於城市中央，那兒矗立著一座巨大的

日晷，馬丘比丘人用它來測定時間。在古城的一端還有著名的太陽神廟和「拴日石」，印加人希望用拴日石把他們心中至高無上的神——太陽及萬物生命和希望的起源都永遠地留住。在城堡對面的山峰上，勤勞的馬丘比丘人還築出一層層的梯田，並在每一層都開鑿了引水渠，一邊引來雪水澆灌農田，希望獲得豐收。

如此美麗而自由的空中之城，馬丘比丘人卻毫無留戀地棄之而去，而且沒有任何說明，這究竟是為什麼呢？是天災？是部落戰爭？還是奴隸反抗？種種懷疑都沒有任何痕跡能夠說明。很多人認為是因為西班牙征服者的原因。但是，據歷史記載，當年侵略者的鐵蹄並未能夠踏上這片土地。並且，考古學家還在研究中發現，早在1533年，在西班牙人征服印加帝國之前，馬丘比丘人就已經離開了這座美麗的「空中之城」！即便真的是受到西班牙人的入侵，試想印加帝國擁有萬騎精銳的雄厚實力，難道會不敢和100多人的西班牙入侵者做殊死的抗爭？恐怕說不過去。

印加人為什麼要在如此之高的地方建這樣的一座城市？他們為什麼又棄之而去？這些謎團還有待後人去進一步解開。

重現於世的吳哥古城

歷史總留下很多遺憾，光陰總在毀滅太多的珍奇。龐貝古城、馬雅文化遺址已讓人們感慨不已，而吳哥古城更在叢林之中緊緊地吸引著世人的目光。

吳哥古城與埃及的金字塔、中國的長城、印尼的婆羅浮屠並稱為「東方四大奇觀」，是柬埔寨的象徵，它是人類文化寶庫中的明珠。

12世紀上半葉是吳哥王朝全盛時期，信奉婆羅門教的高棉國王蘇利耶跋摩二世，為了祭祀「保護之神」毗濕奴，同時炫耀自己的功績，因此建造了著名的吳哥窟(小吳哥)。大吳哥位於吳哥窟的北部，是耶跋摩七世統治時期建造的新都。15世紀上半葉，吳哥王朝被迫遷都金邊，曾經繁華昌盛的吳哥城雜草灌木叢生，逐漸湮沒在茂密的熱帶森林之中。

吳哥城的規模非常宏偉壯觀，周圍護城河環繞。城內有各式各樣非常精美的寶塔寺院和廟宇。位於吳哥城中心的是巴揚廟，它和周圍象徵當時16個省的16座中塔和幾十座小塔，共同構成了一組完美整齊的階梯式塔型建築群。重現於世的吳哥古蹟，其獨特和永久的魅力令世人為之傾倒、贊服，同時又使人們產生了無窮的遐想和發現了

許多難解疑點。

疑點之一，是誰建造了這座美妙絕倫的古城。在疊砌這些建築時，完全依靠石塊本身的重量和形狀緊密相貼，絲絲入扣，渾然吻合成一體，而沒有使用黏合劑之類的材料。時至今日，大部分建築雖歷經風雨滄桑，卻仍巋然不動。而且這裡的每一塊石頭都遍佈浮雕壁畫，精雕細琢，其技巧之純熟、精湛，想像力之豐富、出色，使人難以置信，以至於長時間內都流傳著關於吳哥古蹟是天神的創造，不可能出自凡人之手的傳說。吳哥古蹟充分向世人展示了柬埔寨人民高度的藝術才能和傑出的智慧。

疑點之二，透過對吳哥城規模的估計，可推斷出在這座古城最繁榮的時候，至少生活著近百萬居民。可是這樣一座繁榮昌盛的都城為什麼會淹沒在茫茫叢林之中？它的居民為什麼消失不見了？有人猜測認為，是瘟疫或霍亂之類的疾病流行，使他們在極短時間內迅速地全部死去。還有人揣測，也許是外來的敵人在侵佔這座城市後，將這裡的所有居民趕到某個地方做奴隸去了。

疑點之三，在柬埔寨歷史上，放棄吳哥是一個具有重要轉折意義的事件，它標誌著一度強大的吳哥王朝的瓦解，那麼，這其中是不是有別的因素呢？中國一些學者認為，這與暹羅人的不斷入侵有關，正是這一入侵使得高棉人做出了撤離吳哥的最終決定。隨著暹羅人的強大後，高棉人不斷遭受深重的災難和巨大的損失。日漸衰退的國力

使得高棉人無力應付暹羅人的挑戰，於是只得採取迴避的方法。沃爾特斯博士也持有有相似的看法。但是他認為，吳哥王朝的衰敗和抵抗力的喪失，並非完全是暹羅人所造成，而是高棉王族之間內部鬥爭發展的後果，而暹羅人此時的入侵，導致了吳哥王朝放棄古城之舉。

　　由於有關柬埔寨中古時代的史料的極其缺乏，重現於世的吳哥古城只能有待後人去做進一步的探索研究。

「黃金之城」哈馬丹

　　在中國古代，黃金意味著華貴極頂、高不可攀，因此方有「金屋藏嬌」、「書中自有黃金屋，書中自有顏如玉」之說。但是，古代的伊朗人卻向世界宣稱，在他們的國家裡就有一座用黃金做成的城市，這就是伊朗人最初的國家——米底帝國的都城哈馬丹。

　　「歷史之父」希羅多德告訴我們，哈馬丹城的建立者就是米底王國的創立者戴奧凱斯。但是關於戴奧凱斯這個人是否是真實的存在，人們在過去一直持懷疑的態度。即使後來人們在亞述文獻中也發現了這個名字，學術界仍然有人認為亞述文獻中記述的與希羅多德所說的並不是同一個人，此戴奧凱斯非彼戴奧凱斯。但多數學者傾向認為這兩個人實際就是同一個人，即米底國家的創立者戴奧凱斯。

　　據說戴奧凱斯本來是部落首領的兒子，自幼就非常聰慧。長大後，他積極地在本部落中主持正義，於是被選為仲裁者。後來，他的美名逐漸傳播開來，米底人一致同意選舉他為國王，還為他修築了一座與國王身分相配的宮殿，建立了一支禁衛軍。隨後，他又迫使米底人為他建造了一座城市作為新都，這就是今日的哈馬丹，希臘人也稱

為厄格巴丹。哈馬丹的建立，標誌著米底帝國的開始，而戴奧凱斯也就自然地被認為是這個帝國的創立者。從這一點來看，它的出現很可能要大大早於戴奧凱斯時期。

關於哈馬丹城的情況，希羅多德在書裡做了詳盡的描繪。他說，哈馬丹城牆厚重高大，是一圈圍著一圈地建造起來的，而且每一圈裡面的城牆都比外面一圈要高。由於城市建築在平原上，因此這種結構非常有利於防禦外敵的進攻。據給希羅多德介紹情況的伊朗人說，哈馬丹的城牆共有七圈，最外面的一圈為白色，長度大致等同於雅典城牆。第二圈是黑色，第三圈是紫色，第四圈是藍色，第五圈是橙色，第六圈是白銀包著，第七圈是黃金包著的。而戴奧凱斯的王宮，就在鑲著黃金的城牆之內。

希羅多德關於哈馬丹有七圈城牆的說法，聽起來更像個神話傳說。世界上怎麼會有如此奢侈的城市呢？特別是說最後兩道城牆包上了白銀和黃金，竟然用尊貴的黃金來裝飾城牆！這就更像是海外奇談，令人難以置信。不過文學作品中出現這樣的描述，誇張必然不可避免，何況那個時代的西方人大都喜歡把東方描繪成人間樂園，似乎那裡黃金遍地，滿是財富。希羅多德就曾經這樣對希臘人說：「誰要是佔有蘇薩的財富，就可以和宙斯鬥富。」而當時的蘇薩城，絕對算不上西亞最富裕的城市。

根據同時代巴比倫人留下的楔形文字資料，以及後來的《亞歷山大遠征記》等的記載可以得知，哈馬丹城和兩

河流域其他城市一樣，並沒有七道城牆，也就更不存在什麼金牆、銀牆。歷史上的哈馬丹在伊朗語中有確實「聚匯之地」的意思，那是因為它不僅是米底帝國的政治中心，也是古代伊朗交通要道的中心，它維持著東西方繁榮的國際貿易，著名的絲綢之路就經過這裡。

雖然沒有任何得文字資料，但是從亞述宮廷浮雕中還是可以看出米底王國裡一般城市的大概情況。它們都擁有堅固的城牆和高聳的塔樓，城牆外環有護城河，足以抵抗強大敵人的進攻。而哈馬丹作為米底最大的城市，也是米底反抗亞述的起義中心，自然更加雄偉堅固。同時，從希羅多德所說的可以得知，米底王宮離城牆很近，這與其他國的都城，如尼尼微和巴比倫情況很相似。那裡的王宮與城牆也很接近，城牆本身就是王宮防禦體系的一部分。

根據米底王國初期的情況判斷，哈馬丹城裡可能是分部落或種族而居，每個居民區之間可能有圍牆加以隔開。哈馬丹的這些圍牆加上宮牆和外城牆，總數可能正好是七道。當然，古代哈馬丹城的街區也可能就和今天的情況一樣，居民區就像蜘蛛網一般，一圈又一圈，圍繞王宮形成了七個包圍圈。

米底帝國滅亡之後，哈馬丹成了古波斯帝國四大都城之一。古波斯歷代帝王，每逢夏季都要來哈馬丹的夏宮避暑。後來，哈馬丹又成了塞琉西王朝在東伊朗的統治中心。安息時期，哈馬丹一度又是安息的都城，而且還是絲

綢之路中段的重鎮之一。

　　哈馬丹在伊朗歷史上繁榮了長達二千七百多年之久，直到今天，它仍然是伊朗最主要的城市，並且還是伊朗農牧業生產的中心。但是，由於古波斯帝國時期的哈馬丹遺址至今還沒有進行任何挖掘，因此，古代哈馬丹城的真實情況，至今仍然籠罩著一層神祕的面紗。不知什麼時候才能揭開這層神祕的面紗，還哈馬丹一個本色？

神祕山城蒂瓦納科

　　在玻利維亞，有一座建立在高山上的石城，那就是蒂瓦納科。儘管如今城門之內空寂荒涼，廟宇和宮殿也早成廢墟，但是從殘存的遺跡依然可以看出，這原本是一座堅固而宏偉的城池，建築雄壯而又謹嚴，四面是用巨大石塊砌成的高高的城牆，寬闊的石階通向雄偉的城門，每個城門都用整塊的巨石鑿成。特別是那些每塊都大得驚人的巨石，在引起人們驚歎的同時，也讓人們為之困惑：是誰建造了這座宏偉的石城呢？

　　印加人對這些他們到來之前就已經消失的蒂瓦納科居民毫無所知。他們惟一記得的一個古老的傳說：蒂瓦納科是在洪水退去之後，由來歷不明的巨人在一夜之間建造起來的。因為他們不聽從太陽會升起的預言，所以連同他們的宮殿一起遭到了太陽光線的毀滅。

　　還有另一個傳說：很久以前，突發的一場大洪水一直持續了60個晝夜，淹沒了所有的城市和村莊。洪水過後，安第斯世界的造物主維拉科查來到蒂瓦納科，這座石城就是他的手筆。人們在蒂瓦納科找到了這位造物主的石像。他是個長著鬍鬚的白人，他睜著一雙大眼睛，嘴唇周圍的短鬚與下巴尖削的鬍鬚連在一起。可是南美的土著居

民都是不留鬍鬚的，因此，這個維拉科查究竟是誰?來自哪裡?也成了考古學家們難解的謎題之一。

從20世紀的50年代起，玻利維亞政府在著名考古學家龐塞·桑金斯的主持下，對蒂瓦納科進行了大規模的挖掘和研究。他們由此得知，蒂瓦納科的建造和發展，經歷了1400年，時間跨度大約從西元前200年到西元120年，大致上經過了五個時期。五座城市的遺跡彼此之間重疊交錯，十分紊亂，但依然存有尚未解決的疑問。最大的疑問，就是那種不可思議的巨石建築技術。在史前的南美洲，這種巨石建築屢屢出現，如馬丘比丘、皮沙克和薩克塞胡阿曼等等，但最為突出的還是蒂瓦納科。蒂瓦納科所使用的巨型石塊每塊都重達數十噸以上，切割得非常完美，在整個巨石建築群，石塊之間拼接得天衣無縫，沒有一處使用過灰漿或水泥之類的黏合劑，讓人覺得，這些施工者們切割這些巨石就如同切割黃油一樣輕而易舉。而且這些巨石稜角磨圓，甚至表面都做了拋光。實在令人難以置信，古代的印加人用簡陋的石鎬就能完成這一切。

在蒂瓦納科的西南端，有一處廢墟，是蒂瓦納科的最大建築之一，名叫普瑪·普庫。因為它已經徹底傾頹，所以今天的人們已經不知道它原來是宮殿還是廟宇，但它的廢墟仍非常宏偉。其中最大的一個巨石平臺，長40公尺，寬7公尺，高2公尺，估計重達一千噸!這些巨石如同用最先進的機器、硬鋼銑刀和鑽機製作出來的一樣，加

工得非常精細，全部經過打磨和拋光。

更令人無法置信的是，在那裡還發現了一些大石塊製成的預製建築構件，這些構件上有多處精確的凹糟、軌道和孔洞，幾何形狀非常複雜。有人曾做過一個模擬實驗，將其中3塊預製構件的準確資料輸入電腦，電腦很快就顯示出，這些凹糟和軌道相互咬合得天衣無縫。也就是說，不用任何灰漿就能築起一道沒有縫隙的圍牆。

考古學家檢測認為，這些巨石是從200公里以外運來的，因為蒂瓦納科附近並沒有採石場。但是，採石場與蒂瓦納科之間的道路狀況非常糟糕，即便是現在最傑出的工程師，配合上最現代的科學技術，恐怕也無法搬運這些巨石。更何況當時的印加人就算有可以負重的家畜，也沒有發明車輪。

蒂瓦納科西北不遠就是的的喀喀湖。20世紀的60年代，潛水夫在湖底發現了一些建築和石塊鋪成的道路。這些石塊琢磨精細，如同巨型的智力測驗拼圖。在印加人中流傳著這樣的傳說：湖底淹沒的宮殿是大洪水前的建築。

的的喀喀湖的蘆葦島上住著烏羅人。他們自稱，當世界還處於黑暗中時，他們就已存在了。的的喀喀湖也與另一個謎一樣的地方——復活節島的稱呼一模一樣，同樣被稱為「世界的肚臍」，這又是怎麼回事呢？

考古學家和史學家們不得不承認，對於蒂瓦納科的一切，他們還知之甚少。

富麗堂皇的克里特島山迷宮

　　4000年前居住於地中海克里特島山上的邁諾斯人，不僅創造了比希臘還早的物質文明，而且也創造了一個光輝燦爛的文化中心。但是幾千年來，世人對邁諾斯文明的瞭解，除了那個廣為流傳、有關克里特島國王邁諾斯及其半人半牛、藏身黑暗地下迷宮的貪婪怪物彌諾陶洛斯的神話以外，幾乎一無所知。

　　終於，在20世紀初葉，英國考古學家艾文斯爵士把邁諾斯首都諾瑟斯的遺址挖掘了出來。這次挖掘的工程相當浩大，引起了巨大的轟動。諾瑟斯城本身就很大，加上所屬港口，一共有近10萬居民。艾文斯和大多數考古學家一樣認為這座建築物是王宮。它屬多層建築結構，其中有好幾層築在地下。王宮中有的壁畫有以海洋生物、雄壯公牛、舞蹈女郎和雜技演員為題材，色彩鮮明。另外，還有許多石地窖；有斧頭的殘片、銅斧樂器；以及一個以小片釉陶和象牙包金加鑲水晶造的近1平方公尺的棋盤。在國王的寶座上、在接待室的鋪路石板上、在那些顯出典型邁諾斯建築風格的上粗下細的柱子上、在門道附近，細加琢磨的雪花石膏閃閃發光。這座建築建造之奇、藏品之豐，令人歎為觀止。但它真的是一座王宮嗎？雖然歷史學

家和考古學家一般都持這種說法，但德國學者沃德利克則不以為然。

沃德利克在1972年出版的一本書中說：「諾瑟斯這座宏偉建築，絕對不是國王生時居所，而是貴族的墳墓或王陵。」他認為，那些被大多數考古學家認為是用作儲藏油、食物或酒的大陶甕，其實是用來放屍體的。放入屍體之後，加入蜜糖浸泡以達到防腐的目的；石地窖則被用來永久安放屍體。那些精密複雜的管道是為了防腐措施的需要，並不是為活人設置的。壁畫代表的是靈魂轉入來生，它們還把死者在幽冥世界所需物品畫了出來。

沃德利克還提出幾項很有意思的事實來支持自己的說法。比如他認為諾瑟斯這座建築物的位置，絕對不是建築王宮的絕佳位置。它所處的地方過於開敞，容易四面受敵，如果有人從陸上進攻就根本無法防衛。而且當地沒有泉水，必須用水管引水，水量很難供應那麼多居民。至於那些被認為是御用寢室的房間，都是些無窗、潮濕的地下房舍。在氣候溫暖、萬里晴空的地中海地區，怎麼可能選擇這樣的地方來居住？此外，「王宮」及附近也沒有馬廄和廚房之類的房屋，難道這裡的居民不需要交通工具和食物嗎？

這座迷宮究竟是王宮還是陵墓，人們對此尚無定論，這不斷促使著學者繼續探索這光輝燦爛的邁諾斯文明。

辛巴威的奇怪遺跡

「辛巴威」一詞源於班圖語，意為「石屋」，或「受敬仰的石頭城」。辛巴威及其周邊共有200多座規模不同的石頭城，不論從國名、國旗、國徽和硬幣上，石頭城都被當做這個國家和民族的象徵，可見當地人頗引以為豪。

辛巴威的居民大部分為馬紹納族和馬塔貝勒族人。馬紹納人把散佈於當地的二百處大小石頭建築的每一處廢墟稱為「辛巴威」，而把位於維多利亞堡東南部（距首都哈拉雷以南320公里處）的一大片石頭城的廢墟稱為「大辛巴威」。

據一個古老的傳説，大辛巴威遺址，是希巴皇后的首府，在11到15世紀期間，關於紹納城的班圖文化有一段獨特的描述。這座城市，面積將近80公頃，在中世紀以重要的貿易中心而聞名。

大辛巴威遺址三面環山，整個的遺址範圍包括山頂的石岩和山麓的石頭大圍圈及其東面的一片廢墟，它們共同組成了相互聯繫的建築群，而另一面則是波平如鏡的凱爾湖。據考證，這座石頭城建於西元600年前後，是馬卡蘭加古國的一處遺址。遺址的地勢很理想，有著肥沃的土壤和充沛的降雨量，這些對一個民族的壯大和繁榮有著重要

的作用。

有三組建築：早期的一些衛城（或稱山地要塞）；由一堵很高的石牆圍成的橢圓形的圍場（或稱廟宇）；以及在衛城和圍場之間河谷中的各類建築遺址。古城分為外城和內城兩部分，外城築在山上，城牆高10公尺，厚5公尺，全長240公尺，由花崗岩巨石砌成。內城建在山坡谷地，呈橢圓形。城內有錐形高塔、神廟、宮殿等，都由石塊砌築，而且這些建築的入口、通道和平臺等都是在花崗岩巨石上就地開鑿出來的。

有關辛巴威遺址奇觀的傳說，大約在中世紀就透過阿拉伯商人傳到了歐洲。然而，在阿拉伯人的傳播中，卻把辛巴威與所羅門王的名字連在了一起。這樣一來，當歐洲人發現這個廢墟時，誤認為這就是所羅門王的藏寶之地。

最先把這個奇蹟公諸於世的是1871年來到這裡探險的德國地理學家卡爾·莫赫。他描述道：「那是一大片聚在一起的石造建築物，全沒屋頂，都用灰色的花崗岩石塊以精巧的技術建成，有些石塊還曾雕琢。山上那些高大的石牆，分明是歐洲式的建築。」

莫赫進入城內作了一番考察，找到了一些線索，證明石頭城的最初建造者們生活富裕、勢力強大。然而，對於究竟是什麼人、在什麼年代以及為什麼要建造這麼龐大的石頭城等諸多疑問，卻毫無線索。但是他認為，石頭城的建造者不可能是非洲人，更不是當地卡蘭加人的祖先所

為。

　　早期大辛巴威的探險家一直認為，這些建築不是非洲人自己造的，而是其他外來民族造的。然而，試圖證明外來民族曾在此居住的努力已歸於失敗，許多試圖證明這類觀點的材料也被一一否定。莫赫的這種說法也許同樣不足為信，但他於1876年出版的有關辛巴威的報告，卻引起了世界各地不少學者和探險者們的興趣，他們開始相繼前往大辛巴威考察。

不朽的摩索拉斯陵墓

　　一提到陵墓，恐怕絕大多數人的第一感覺是毛骨悚然。但人們卻爭先恐後地想要親眼目睹土耳其的一座遠古時代的墳墓，就是「摩索拉斯陵墓」。

　　圍繞「摩索拉斯陵墓」流傳著許多似是而非的故事，因此散發著一種神祕的氣息。陵墓的主人是古代小亞細亞加里亞國王摩索拉斯（？～西元前353年）。加里亞是當時阿那托利高原西南部的一個小國，受波斯帝國的統治。

　　西元前395年，摩索拉斯王下令破土興建自己的陵墓，然而直到西元前353年駕崩，陵墓尚未完工。王后阿爾特米西婭二世繼承了摩索拉斯王的未竟事業，陵墓在西元前351年竣工，摩索拉斯王終於可以瞑目於地下了。

　　這座陵墓剛一建成就聲名遠揚，令人歎為觀止。古希臘──羅馬時代的旅行者安提巴特將其與古埃及的胡夫金字塔相提並論。即使在其建成1500年之後，拜占庭人、帖撒羅尼迦優斯塔修斯主教目睹這一建築物後還評論道：「摩索拉斯國王的陵墓，從過去到現在仍是一個真正的奇蹟。」

　　這座堪稱希臘古典時代晚期陵墓方面最有名的建築，是摩索拉斯委託當時的建築行業權威薩蒂洛斯和皮塞奧斯

修建而成。陵墓是一座神廟風格的建築物，由來自帕羅斯
島的雕飾華麗的白色大理石建成，造型並不完美，但規模
十分宏大。

　　整座建築由三部分組成。底部是高達19公尺，上平
面長39公尺，寬33公尺的高大、近似於方形的台基，內
有停棺。台基之上豎立著一個由36根柱子構成的愛奧尼
亞式的珍奇又華麗的連拱廊，高11公尺。最上層是拱廊
支撐著的金字塔形屋頂，由規則的24級臺階構成。有人
認為這一數字象徵著摩索拉斯的執政年限。

　　陵墓的頂飾是的摩索拉斯和王后阿爾特米西婭二世的
乘車塑像，高達4公尺。駟馬戰車疾馳如電掣，人物雕像
惟妙惟肖。這是是典型的希臘作品，也是世界藝術史上
著名的早期寫實肖像雕刻作品之一。這座底邊長約39公
尺、寬33公尺的長方形陵墓就這樣一直向空中延伸至約
50公尺，相當於20層樓的高度。抬頭仰望，可見陵墓懸
在空中一般，高聳入雲，蔚為壯觀。

　　陵墓不僅外表恢宏，內部那些非常精美的裝飾、雕塑
和眾多的雕像，也為這座宏偉的建築物增添了不少光彩。
史學家認為這些傑作均出自包括斯科巴斯、利俄卡利斯和
提摩西阿斯這些等當時著名的藝術家之手。內室的三處浮
雕裝飾尤為引人注目：第一處是馬車，第二處是亞馬遜族
女戰士和希臘人作戰的情景，第三處是拉皮提人在和半人
半馬的怪物爭鬥。由於歲月的侵蝕，如今的遊人只能欣賞

到浮雕中亞馬遜族女戰士和希臘人作戰場景的殘片，但僅此一點，就足以令人想像得出這座宏大的紀念性建築，當年不同凡響的風貌。

有人猜想，摩拉索斯陵墓可能並不只是一位國王的墓葬，而是為了紀念和緬懷整個埃卡多米尼迪王朝修建的陵墓，是一座家族的墳墓。新發現的雕塑進一步支持了這個新的推測。這些塑像大致有三種規格：與真人相仿的自然型、2公尺左右的英雄型和3公尺左右的巨型。摩索拉斯和阿爾特米西婭二世（已受損）的雕像屬於最後一種；另外10座巨型塑像的殘片也被辨認出來了。

1966～1977年，一支由土耳其和丹麥聯合組成的考古隊，首次挖掘出了陵墓的地下墓室，發現它是由一個位於中央的房間和前面兩個門廳構成的。這個墓室位於地基的西北角，並沒有和建築物中心連在一起，入口用一塊幾噸重的巨石封閉。經過進一步的調查研究，最終證實，這座陵墓原來是建在一片墓地裡的，而這片墓地直到西元前6世紀還在使用的。這似乎又為上述的猜測提供了有力的證據。

令人費解的另一個問題是，為何要選擇在這生機勃勃的地中海城市的中心建陵墓呢？有人從古希臘人的價值觀角度試圖對此做解釋，因為在古希臘的文化氛圍裡，這種墳墓並沒有不體面與陰森之嫌。

在希臘人看來，死者的世界，出沒著可怕的幽靈，黑

暗而寂靜，因此人死後就會過著暗無天日的生活。唯一的解脫之法就是：在生前就盡可能地為自己贏得死後的榮譽，如此一來，亡靈就能夠存活於活著的人的意識之中；這樣就能夠超越死亡，獲得生命給予的永恆的意義。摩索拉斯王或許就是這樣做的，他也確實因此而名留史冊了。

然而，西元15世紀前，摩索拉斯王的軀體所依賴之物卻在一次大地震中受損。1402年，汪達爾人聖·喬萬尼率領的騎兵征服了哈利卡納蘇斯，他們對於這座異教徒的藝術之殿不僅毫無仰慕之情，反而視若眼中釘。

1494年，統治者們為了加固要塞，便毫無顧忌地把陵墓當成了採石場，甚至連很小的碎片都被送進了石灰碾磨廠，然後用於大規模建造他們的堡壘聖·彼得堡。人禍甚於天災，最終徹底毀滅陵墓的是人類自己，摩索拉斯的陵墓就這樣漸漸被毀掉了。還好有少量浮雕倖免於難，其中包括那件由大理石雕成的亞馬遜族女戰士的浮雕，它現今依然保存在英國博物館內供後世的人們前去觀瞻。

羅馬是一天造成的

羅馬帝國確實是於西元前625年8月13號從日出到日落這一天之內開工並完工的！考古學家們出示的證據是一個卷軸，也就是一份由朱利斯・凱撒本人親自簽署合約。

這份拉丁文合約的其中一部分翻譯出來就是：「我們巴比倫Alleida建築同意在西元前625年8月13號這一天開始動工，並完成羅馬帝國建築的修建，如果我們不能在帝國指定的時間內完成，凱撒大帝可以砍下我們的腦袋去餵獅子。」

考古學家們並沒有發現任何被吃掉的腦袋殘渣化石，因此認為工匠們一定是在一天之內完成了羅馬城的修建。

建築師弗雷德說：「在一天內，我的工程隊連一面清水牆無法完成。根據這張羅馬城的模型圖來看，我的公司要花上數百年才能完成整個羅馬帝國修建工作。」

人們從學校的課本上得知，羅馬帝國覆蓋了28萬平方公尺的土地，其中包括數個城市、小鎮，數條河流，多座山，多個大劇場，許多導水管、排水溝、拱門、博物館、鍍金大教堂等等。這一切要在一天之內完成，絕對令人難以置信。

實際上，這份凱撒大帝合約就和都靈的裹屍布一樣，

可信又可疑。科學家正在使用碳定年的方法估算這份卷軸的真正年紀。如果檔上所述的情況屬實，那麼科學家、建築家們又要準備去解開新的謎題了。那個時代的人們是如何在12個小時裡完成了28萬平方公尺的羅馬帝國的建造呢？

　　歷史學家羅傑斯認為，這些就和金字塔一樣是千古之謎，我們只能想像是那個時代的人所掌握的一些東西失傳了，而現代人的技術無法跟進。他們先修建了金字塔，然後修建了獅身人面像，接著又建造了西爾斯塔等等，奇特而神祕的建築舉不勝舉。即便那個時候動用了多達8百萬個埃及奴隸，但現在依靠這些不再被稱做奴隸的雇工，我們也仍然很難或者說，幾乎做不到。

重見天日的龐貝城

　　在義大利半島西南角坎佩尼地區有一座歷史悠久的歷史名城—龐貝城。它曾經是一座背山面海的避暑小城，是一座人口超過2.5萬人的酒色之都，富人們在那裡尋歡作樂。然而就在一夜之間，一切都灰飛煙滅了。

　　西元79年8月24日這一天，維蘇威火山突然蘇醒過來了。火山驟然噴出的灼熱岩漿遮天蔽日，濃濃的黑煙裏挾著滾燙的火山灰，鋪天蓋地的向龐貝城席捲而來，空中是令人窒息的硫磺味。很快的，厚約5.6公尺的熔岩漿和火山灰就毫不猶豫地將龐貝城從地球上抹去了。

　　1748年，一位當地的農民偶然發現了這座在地下埋葬了1000多年的龐貝城。但直到今天，也只有3/5的龐貝城被考古學家們挖掘出來，仍有許多死難者、器具和建築物被深深地掩埋在地下，但富麗堂皇的龐貝城依然引起了人們的無限暇想。

　　龐貝城占地面積1.8平方公里，用石頭砌建的城牆周長4.8公里。縱橫的4條石鋪大街組成一個「井」字形，將全城分割成9個區，其中有14座塔樓，7個城門，非常壯觀。每個城區中又有很多大街小巷，彼此相通，金屬車輪在大街上輾出了深深的車轍，歷歷在目，彷彿剛有馬車駛

過一般。

　　每個大街的十字路口都設著高近1公尺、長約2公尺的石頭水槽，用來向市民供水。水槽與城裡的水塔相通，而水塔的水則是通過磚石砌成的渡漕從城外高山上引進來的，然後再分流到各個十字路口的公共水槽中，貴族富商庭院的噴泉和魚池也因這個系統得到了供水。

　　龐貝城裡還有3座大型劇場，最大的一座位於城東南，建於西元前70年，可容納觀眾2萬人。也可以當作角鬥場，當年人與人、人與獸的角鬥就曾在這裡舉行。這座大型劇場的東側還有一座近似正方形的圓形體育場，邊長約130公尺，能容納觀眾1萬多名。場地三邊用圓柱長廊圍住，黃柱紅瓦，氣勢恢宏。場地正中是一個游泳池。城西南有一個長方形廣場，是全城政治、經濟和宗教中心，四周建有官署、法庭、神廟和市場。

　　龐貝城明顯有兩多：一是妓院，二是酒館。妓院的牆壁上滿是春宮畫，各種春宮畫在牆壁上隨處可見。城內酒店林立，店鋪不大，酒爐與櫃檯都在門口，酒徒可以站在櫃檯外面喝酒，他們在一些酒店的牆壁上信手塗鴉，至今依然可辨。城市至少建有一座公共浴室，不但冷熱浴、蒸氣浴樣樣俱備，還附有化粧室、按摩室，裝修也十分精緻，牆上還用石雕和壁畫裝飾著。

　　與埋在地下20公尺～30公尺深且被新城覆蓋的赫庫蘭尼姆相比，龐貝城埋在地下的平均深度為3.6公尺，較

易挖掘，但要把那麼多的泥石運走，也並不容易。

一座死城就在科學家們的努力下重見天日，它反映了古羅馬時代城邦居民的日常生活，是一座世界少有的天然歷史博物館。整個龐貝遺址用外牆圍成，不准任何人居住，更不准車輛入內，而在遺址的週邊，逐漸形成了一座幾萬人的遊覽城市。

i-smart

智學堂

智慧是學習的殿堂

★ 親愛的讀者您好，感謝您購買 世界真奇妙： 千奇百怪的文明與人文奇觀 這本書！

為了提供您更好的服務品質，請務必填寫回函資料後寄回，
我們將贈送您一本好書（隨機選贈）及生日當月購書優惠，
您的意見與建議是我們不斷進步的目標，智學堂文化再一次
感謝您的支持！
想知道更多更即時的訊息，請搜尋"永續圖書粉絲團"

您也可以使用以下傳真電話或是掃描圖檔寄回本公司電子信箱，謝謝！

傳真電話：　　　　　　　　電子信箱：

（02）8647-3660　　　　　yungjiuh@ms45.hinet.net

姓名：＿＿＿＿＿＿ ○先生 ○小姐 生日：＿＿＿＿＿＿ 電話：＿＿＿＿＿＿

地址：＿＿＿＿＿＿＿＿＿＿＿＿＿＿＿＿＿＿＿＿＿＿＿＿＿＿＿＿

E-mail：＿＿＿＿＿＿＿＿＿＿＿＿＿＿＿＿＿＿＿＿＿＿＿＿＿＿＿

購買地點（店名）：＿＿＿＿＿＿＿＿＿＿ 購買金額：＿＿＿＿＿

職　業：○學生　○大眾傳播　○自由業　○資訊業　○金融業　○服務業　○教職
　　　　○軍警　○製造業　○公職　○其他＿＿＿＿＿＿＿＿＿＿＿

教育程度：○高中以下（含高中）　○大學、專科　○研究所以上

您對本書的意見：☆內容　　　　　○符合期待　○普通　○尚改進　○不符合期待
　　　　　　　　☆排版　　　　　○符合期待　○普通　○尚改進　○不符合期待
　　　　　　　　☆文字閱讀　　　○符合期待　○普通　○尚改進　○不符合期待
　　　　　　　　☆封面設計　　　○符合期待　○普通　○尚改進　○不符合期待
　　　　　　　　☆印刷品質　　　○符合期待　○普通　○尚改進　○不符合期待

您的寶貴建議：